LES

TROIS MARÉCHAUX D'ORNANO

ÉTUDE HISTORIQUE

PARIS
IMPRIMERIE DE L. TINTERLIN ET Ce
Rue Neuve-des-Bons-Enfants, 3.

LES

TROIS MARÉCHAUX

D'ORNANO

ÉTUDE HISTORIQUE

PAR

A. DU CASSE

PARIS

E. DENTU, LIBRAIRE-ÉDITEUR

PALAIS-ROYAL, 13 ET 17, GALERIE D'ORLÉANS.

1862

LES
TROIS MARÉCHAUX D'ORNANO
ÉTUDE HISTORIQUE

I

LA FAMILLE D'ORNANO.

Avant la révolution de 1789, les enfants des familles nobles embrassaient habituellement ou la carrière des armes ou celle de la magistrature. De là : noblesse d'épée et noblesse de robe.

Parmi les premières et les plus illustres des familles qui se sont perpétuées jusqu'à nos jours, et qui se font gloire d'avoir toujours porté l'épée, on trouve dans le nobiliaire si riche de la France, celle des d'Ornano. Beaucoup de ses membres ont rendu ce nom célèbre; mais elle a, en outre, le privilége bien rare d'avoir donné, en trois siècles, trois hommes parvenus, par leur mérite, à la plus haute dignité militaire, celle du maréchalat.

Aux maréchaux d'Ornano des Henri IV et des

Louis XIII, a succédé le maréchal d'Ornano des Napoléon. Les services rendus par les deux premiers à nos anciens rois, comme les services rendus par le troisième à la France du dix-neuvième siècle, sont faits pour rehausser encore l'éclat d'un nom depuis longtemps illustre.

Les d'Ornano d'aujourd'hui, quoique d'une autre branche (1), se rattachent à ceux d'autrefois, et par la chaîne non interrompue des liens de la famille, et par une même auréole de gloire militaire.

Bien que cette famille soit réellement d'origine italienne, elle passe pour être d'origine corse. On trouve, en effet, le nom des d'Ornano dans l'histoire de cette île, dès l'époque où cette histoire, dégagée des fables qui la rendent invraisemblable, commence à pouvoir être appréciée.

II

A la fin du huitième siècle, la Corse était encore au pouvoir des Sarrazins. Les Papes avaient sur elle, comme sur toutes les îles voisines des

(1) Les d'Ornano d'aujourd'hui descendent de Michel-Ange d'Ornano, cousin de Vanina, dont il est question un peu plns loin.

côtes de l'Italie, des prétentions fondées sur ce qu'ils assuraient en tenir la souveraineté de l'empereur Constantin. En 816, ils se décidèrent à revendiquer leurs droits par la force des armes. A cet effet, plusieurs familles nobles de Rome se liguèrent et, s'élançant de la Ville Éternelle, vinrent aborder non loin de Bonifacio. Après une lutte des plus vigoureuses, les Sarrazins furent chassés du pays.

L'une de ces familles romaines était celle des Colonna. Son chef, Ugo Colonna, préfet du prétoire et du sacré palais, avait reçu du pape Léon III la mission d'enlever la Corse au roi Négulon. Investi de la souveraineté des pays de Sardaigne et de Corse sous le titre de comte, il devint la souche de plusieurs branches dans lesquelles on retrouve celle des Colonna d'Ornano.

Telle est, d'après les chartes encore existantes, l'origine de la famille d'Ornano.

Après la conquête sur les Sarrazins, la Corse ne tarda pas à être sous la puissance d'une foule de maîtres plus ou moins despotes, sans cesse en guerre les uns contre les autres, mettant tout à feu et à sang pour soutenir leurs prétentions, pour assouvir leurs vengeances. De là datent ces haines, ces vendetta qui, traversant les siècles et la civilisation, se sont éternisées dans ce pays.

Pendant plus de trois cents ans, la Corse fut le

théâtre de toutes les violences. Les grands États semblaient avoir oublié ce rocher jeté au milieu des mers. Seule, Rome ne perdait pas de vue ses droits de vasselage, mais sans se préoccuper d'y rétablir la tranquillité.

Au douzième siècle, le Pape céda cette île par moitié à Pise et à Gênes, comme gage d'un arrangement avec ces deux États italiens. C'était se soucier assez peu de la plonger dans de nouveaux malheurs.

A partir de ce moment, en effet, l'île se trouva déchirée par trois partis, celui de Pise, celui de Gênes, celui des seigneurs indépendants. Au bout de deux siècles, Gênes commença à prendre le dessus et à annihiler le parti de Pise. La violence, la guerre, le brigandage, étaient passés à l'état normal. Pendant cette longue lutte, un Lupo d'Ornano, tenant d'abord pour Pise, puis après pour Gênes, acquit vers le commencement du quatorzième siècle, une grande célébrité comme général habile et audacieux.

En 1400, Boniface VIII, malgré la cession à Gênes et à Pise, crut pouvoir faire une seconde fois, de la donation de la Corse, le gage d'une alliance et d'un traité avec Alphonse d'Aragon, qu'il appelait à son secours en Italie.

Ainsi donc, dès les premières années du quinzième siècle, et comme si la Corse n'avait pas assez des partis se disputant le territoire, un nouveau compétiteur fit valoir de nouvelles prétentions. Ce pays se trouva compter alors jusqu'à trois suzerains, indépendamment des barons, des comtes, des familles de caporali (1) ou familles nobles qui occupaient réellement une partie du sol.

Les habitants de la Corse, en guerre perpétuelle entre eux ou contre l'étranger, étaient par cela même devenus aptes à faire les plus vigoureux soldats du monde. C'est pendant une de ces périodes de luttes acharnées, vers la seconde moitié du seizième siècle, que nous voyons apparaître la rude et singulière figure du fameux colonel Sampierro, père et grand-père des deux premiers maréchaux d'Ornano.

Qu'on nous permette de consacrer quelques lignes à cette existence bizarre, dans laquelle les exploits presque fabuleux du soldat font pardonner les haines implacables du Corse et les violences de l'homme.

(1) On appelait ainsi, dans l'origine, quelques familles d'une noblesse secondaire qui, ayant pris les armes en faveur de Gênes, avaient été admis, par cette République, à recevoir une solde ou pension annuelle.

III

SAMPIERRO

En 1501, sur les bords du Tibre, dans la seigneurie de Sampierro, naquit un enfant qui devait jouer un grand rôle dans l'histoire de la Corse.

Cet enfant avait pour père Guillaume d'Ornano, seigneur de Sampierro, descendant d'une des branches de la famille des d'Ornano qui avaient quitté la Corse, et pour mère Cinarchèse de Banzali (1). Il fut élevé dans la maison du cardinal Hippolyte de Médicis, neveu du pape Clément VII,

(1) L'historien de Thou, et après lui la plupart des biographes qui ont parlé de Sampierro, le font descendre d'un obscur habitant du bourg de Bastelica, près Ajaccio. C'est là une erreur. Lorsque le maréchal Alphonse d'Ornano, fils de Sampierro, fut appelé à faire ses preuves pour être reçu chevalier du Saint-Esprit, il établit facilement ses titres de noblesse. On trouve encore, sur le registre des Ordres du Roi, une information certifiée par l'évêque d'Ajaccio, le commissaire et le notaire public de la ville, de laquelle il résulte que le colonel Sampierro était fils de Guillaume d'Ornano, surnommé Vinciguerra, fils lui-même de Marc-Antonio d'Ornano, *ainsi qu'il appert du contrat de mariage de ce dernier, de l'an* 1410.

et fit ses premières armes sous le fameux Jean de Médicis, dans ce qu'on appelait les bandes noires.

Élevé dans les idées d'amour et de respect pour la France, Sampierro passa de bonne heure au service de François Ier, qui lui donna un commandement important. Son indomptable valeur lui avait déjà acquis une certaine célébrité pendant les campagnes d'Italie, lorsqu'en 1536, au siége de Fossano, un coup d'audace le mit tout à fait en relief. Antoine de Lève, un des meilleurs généraux de Charles-Quint, assiégeait cette place qu'il commençait à presser. Sampierro, à la tête de trois cents hommes, se jette sur les ouvrages d'attaque et pénètre jusqu'au quartier-général. Les soldats d'Antoine de Lève n'ont que le temps de fuir, en emportant leur chef que la goutte empêche de monter à cheval. Poursuivis de trop près, ils se décident à le laisser dans un champ de blé. De Lève échappe avec peine à Sampierro, qui est blessé dans cette affaire et dont l'incroyable témérité devient pour les deux armées un sujet d'admiration.

A la fin de 1536, Charles-Quint ayant pénétré en Provence, Sampierro voulut arrêter son avant-garde près de Brignoles; cerné par un corps nombreux de cavaliers, il fut enlevé et resta une année prisonnier.

En 1542, à Coni, en 1545, à Cerisolles, Sampierro se fit remarquer par des traits d'audace qui fixèrent sur lui tous les regards. En 1544, pendant que Charles-Quint assiégeait Landrecies, il proposa de passer au travers du camp ennemi avec trois compagnies, et de se jeter dans la place. Il exécuta son hardi projet et contribua puissamment à la belle défense de cette ville. Le Roi le nomma colonel-général des Corses au service de France.

Le Dauphin, depuis Henri II, l'aimait beaucoup et voulut l'emmener au siége de Perpignan, où il eut le bonheur de sauver la vie au jeune prince. En récompense, le Dauphin, lui passant au cou son propre collier de Saint-Michel, lui fit en outre concéder par le Roi le droit de porter deux fleurs-de-lis dans ses armes, lui et ses descendants, faveur inouïe à cette époque.

Après la mort de François Ier, Sampierro désira voir le berceau de sa famille. Il fit un voyage en Corse, où il obtint la main de Vanina d'Ornano, la plus belle et la plus noble personne de l'île. Les frères de Vanina et tous les d'Ornano, à l'exception du père de la jeune personne, désapprouvèrent cette union. Les d'Ornano de la branche de Vanina tenaient, en effet, pour Gênes, et personne n'ignorait que Gênes était loin d'avoir les sympathies de Sampierro; mais, à partir de ce moment, l'antipathie de cet homme violent devint une haine implacable.

Le redoutable colonel des Corses ne tarda pas à se constituer un parti puissant. Gênes s'en émut et le fit surveiller. Sampierro résolut de tout tenter pour soustraire la Corse à la domination de cette république. Il partit pour Constantinople, n'hésitant pas à employer même les Infidèles, alors les plus grands ennemis du gouvernement génois, pour arriver à son but.

Les négociations étaient pendantes avec le Grand-Seigneur, lorsqu'une terrible aventure vint forcer Sampierro à se rembarquer. Emporté par son caractère, il se prit un beau matin de querelle avec son neveu Telone Bastelica, qui l'avait suivi en Turquie, et, ayant mis l'épée à la main sur la place même de Constantinople, il le tua dans un combat singulier.

A la suite de cette triste affaire, Sampierro revint en Corse ; Gênes n'ignorait ni sa ligue secrète avec les principales familles du pays, ni ses démarches auprès du Grand-Seigneur. Ordre avait été donné à Spinola, gouverneur de l'île, de l'attirer avec son beau-père dans un piége. Spinola exécuta avec adresse ses instructions. Sampierro ayant mis le pied dans la citadelle de Bastia, y fut retenu prisonnier. Le gouvernement génois prescrivit aussitôt de le faire périr. A cette nouvelle, Vanina, alors en France, n'écoutant que son amour, partit pour Gênes afin d'implorer du doge la grâce de son mari. Cette démarche si naturelle allait être bientôt pour la pauvre femme la cause de la mort la plus affreuse et la moins méritée.

Cependant, Henri II, qui devait la vie à Sampierro, voulut à son tour le sauver. Il déclara à la république de Gênes qu'il lui ferait la guerre si elle ne rendait pas la liberté à son colonel-général, ajoutant qu'en représailles, deux nobles Génois seraient envoyés au supplice. La haine du gouvernement de Gênes s'arrêta devant de telles menaces, Sampierro fut relâché. Malheureusement, le premier usage que cet homme implacable fit de sa liberté le rendit odieux à la France et à l'Europe entière. La pensée que sa femme avait pu s'humilier devant ses ennemis, même pour l'arracher au supplice, loin d'être pour lui un motif de plus de chérir la mère de ses enfants (1), le rendit furieux. Il résolut la mort de celle qui, par sa démarche, avait, d'après lui, abaissé son nom. Il écrivit à Vanina de le rejoindre à Aix. Vanina, toujours bonne, douce et soumise aux volontés de son mari, s'empresse d'obéir. Sampierro la reçoit avec respect, s'agenouille devant elle comme devant une sainte, lui demande par-

(1) Sampierro avait deux fils : l'aîné, Alphonse d'Ornano, fut maréchal sous Henri IV ; le cadet fut tué en duel, à Rome, par un gentilhomme appelé de la Regia. Son tombeau existe encore aujourd'hui, dans l'église Saint-Louis des Français, à Rome.

don de ce qu'il va faire, lui rend hommage comme à sa dame, puis lui déclare froidement qu'elle va périr pour n'avoir pas craint de se déshonorer en allant implorer la merci de ses ennemis mortels.

Vanina, qui connaît l'inflexible caractère de son mari, comprend que sa résolution est irrévocablement prise ; elle lui demande pour toute grâce à mourir de sa main, n'ayant jamais été touchée par un autre homme que lui. Sampierro saisit alors son écharpe, et, la passant autour du cou de la malheureuse femme, il l'étrangle sans pitié.

De nos jours, une telle conduite semblerait tenir de la folie; à cette époque, on se borna à maudire le meurtrier, qui devint odieux même à ses anciens compagnons d'armes.

Lorsqu'après son crime, il se présenta à la cour de Henri II, chacun s'éloigna de lui comme d'un pestiféré, le Roi lui-même et Catherine de Médicis détournèrent la tête. — « Qu'importe au « Roi, qu'importe à la Reine et à la France, s'écria » le colonel des Corses, que Sampierro ait bien « ou mal vécu avec sa femme, pourvu qu'il les « ait bien et fidèlement servis? »

On lui retira le titre de colonel-général ; mais lui, rassemblant quelques aventuriers poussés par la haine et le désir de la vengeance contre la république génoise, s'embarqua avec eux pour la Corse. On était en 1564, Sampierro avait alors soixante-trois ans. Encore plein de force et d'énergie, n'écoutant que son indomptable valeur, il débarque sur les côtes de l'île, et vingt-cinq hommes viennent audacieusement attaquer un des États les plus puissants de l'Italie du seizième siècle.

Comme si tout devait être bizarre, extraordinaire dans la vie de cet homme au cœur de bronze, son expédition, entreprise avec des moyens d'action pour ainsi dire ridicules, réussit complétement. Il avait, dès le principe, renvoyé en France son bâtiment, afin de bien prouver à ses compagnons que la victoire et la conquête pouvaient seuls leur conserver l'existence.

Les Corses vinrent en foule se ranger sous ses ordres, Sampierro valait à lui seul dix mille hommes. A sa voix, des bataillons se formèrent, et bientôt il put s'emparer des principales villes du pays.

Pendant une année, il tint en échec la puissante république de Gênes. Il s'empara du château d'Istria, de la ville de Vescovato, il défit, près de Borgo, onze compagnies de gens de pied et quatre de chevaux-légers; il prit Porto-Vecchio, forçant le gouverneur Spinola et Stephano Doria à lui rendre les châteaux et les forteresses de la côte.

Tout marchait au gré de ses désirs et de sa haine ; mais le parti génois, effrayé des succès prodigieux de cet homme extraordinaire, eut recours à la trahison pour se défaire de lui. Secondé par les cousins de Vanina, qui ne pouvaient pardonner le meurtre de la malheureuse et sainte femme, la république acheta à prix d'or un des lieutenants de Sampierro, nommé Vitelli. Un jour que le vieux guerrier corse, avec une faible escorte, se rendait du village de Vico à la ville de la Rocca, où l'on annonçait une insurrection, Vitelli prévint les Génois. Le commandant Raphaël Justiniani se mit à la tête d'un fort détachement de cavalerie, dressa une embuscade à la petite troupe, et l'enveloppa complétement.

Sampierro, après avoir ordonné de sauver son fils Alphonse, alors âgé de dix-huit ans et de le conduire en France, se jeta le premier sur les hommes de Justiniani. Il en tua plusieurs de sa main. Peut-être même fût-il parvenu à faire une trouée au travers des cavaliers génois, si Vitelli ne lui eût tiré par derrière et à bout portant une arquebusade qui l'étendit roide mort.

Les d'Ornano de la branche de Vanina n'étaient pas étrangers, ainsi que nous l'avons dit, à cette vendetta qui coûta la vie à l'un des hommes les plus fortement trempés qui aient jamais existé, à un soldat aussi ardent au combat qu'implacable dans sa haine, et dont le fils devait être un des capitaines les plus illustres des règnes de Henri III et de Henri IV.

A la mort du terrible Sampierro, on fit le distique suivant :

La France veut que je rappéle
Sampietre encore un coup vers elle ;
Son pays n'est point encore assez beau,
Ni son isle assez estimée
Pour enclore sa renommée
Comme son corps dans le tombeau.

IV

LE MARÉCHAL ALPHONSE D'ORNANO.

Quelque temps avant sa mort, Sampierro avait fait venir en Corse son fils aîné, Alphonse d'Ornano, alors âgé de dix-huit ans. Ce jeune homme, élevé à la cour du roi Henri II comme enfant d'honneur des princes de France, montrait pour le noble métier des armes les plus brillantes dispositions. Il était débarqué avec quelques hommes et des munitions. Il se trouvait à l'embuscade qui coûta la vie à son père. Par un hasard providentiel, et aussi grâce à la valeur de ce dernier, il put échapper avec une partie de l'escorte.

Malgré la jeunesse d'Alphonse, les compagnons du fameux chef corse le nommèrent leur général. Alphonse soutint quelque temps encore la lutte engagée par Sampierro contre Gênes; mais bientôt, ayant reçu du Roi de France l'ordre de traiter avec cette république, fatigué d'ailleurs d'une guerre dont il voyait l'inutilité, il entra en arrangement. On lui fit un pont d'or, tant il semblait déjà redoutable. Il fut stipulé qu'il y aurait amnistie pour tous les Corses armés contre Gênes et qui resteraient dans le pays ; que ceux qui voudraient se rendre sur le continent avec Alphonse d'Ornano, pourraient s'embarquer, sans que leurs biens fussent confisqués, sans que leurs personnes fussent sous le coup du bannissement.

Alphonse réussit à former un corps de huit cents hommes décidés à suivre sa fortune. Il les mena en France. Charles IX fit au descendant des Colonna le plus brillant accueil, lui donna la charge de colonel-général des Corses qu'avait eu son père, le collier de son ordre, que le jeune homme reçut des mains du baron de La Garde, général des galères, et le gouvernement de la ville de Valence. Après quelques combats contre ceux qu'on appelait alors les religionnaires, il passa en Languedoc sur les instances du connétable de Montmorency, gouverneur de cette province, qui l'employa à la défense de plusieurs places et là 'attaque de Sommières. Il y fut blessé d'une arquebusade à la jambe droite. On l'envoya aussi ravager les environs de Nîmes. Un des historiens de cette époque dit naïvement à propos de cette mission : « Il fut commandé pour faire le dégât des environs

« de la ville de Nismes, qu'il exécuta avec autant « d'*effusion de sang* que le demandait l'animosité « des partis. »

Après la mort de Charles IX, Henri III, son successeur, de retour de Pologne, voyant la France déchirée par les factions religieuses et ne se croyant pas assez fort pour rétablir la tranquillité avec les bandes à sa disposition, résolut de s'adresser à Gênes, pour obtenir de cette république une troupe recrutée en Corse. Il se souvint qu'Alphonse d'Ornano, malgré sa haine héréditaire contre le gouvernement génois, avait déjà, sous le règne précédent, traité très-habilement avec lui. Il le chargea de la nouvelle négociation.

Le fils de Sampierro réussit à capter le doge à tel point, que ce dernier, en accordant le secours sollicité par le roi de France, pria lui-même Alphonse, de lui accorder une grâce qu'il lui ferait connaître, lui dit-il, s'il voulait s'engager à ne pas la refuser. Le colonel promit. « C'est, reprit « alors le chef de la république, de pardonner la « mort de votre père à mes parents qui en sont « coupables. — J'aurais plutôt choisi de leur « donner ma propre vie, s'écria d'Ornano ; mais « j'ai engagé ma parole et je veux la tenir. » Gênes fit envoyer mille Corses en Dauphiné, le Roi ordonna à Alphonse d'en prendre le commandement et de commencer la lutte avec le seigneur de Montbrun, chef des huguenots de cette province.

Le colonel était, comme son père, un homme d'une trempe rude, énergique. Élevé à l'école de Sampierro, il ne craignait rien au monde; la guerre était son élément. Sa vie est une longue suite d'actes de vigueur. Là où un autre homme eût perdu tout espoir, lui, grandissait et surmontait l'obstacle. Il était redouté des religionnaires, et ce n'était pas sans raison, car la lutte contre lui n'était pas facile. Il ne faiblissait dans aucune circonstance. Un jour, il commandait l'arrière-garde des troupes du Roi, l'armée battait en retraite devant le seigneur de Montbrun. Arrivé près de la ville de Die, l'ennemi, confiant dans sa grande supériorité numérique, le charge vigoureusement. Surpris, effrayés, les gens du colonel vont se débander; mais lui, sans s'émouvoir, met pied à terre, saisit une pique, s'élance au beau milieu de la mêlée, force par son exemple les plus timides à s'arrêter; puis, lorsqu'il a réussi à ramener les siens au combat, lorsqu'il voit les soldats de Montbrun étonnés de la résistance qu'ils éprouvent, il remonte à cheval, charge à son tour à la tête des siens, culbute tout et arrive jusqu'aux premiers escadrons. Il change sa défaite en une victoire d'autant plus belle que Montbrun est fait prisonnier. A ce beau fait d'armes on reconnut le fils de Sampierro. Le Roi lui fit témoigner sa satisfaction ; pour lui, continuant avec énergie la lutte, il secourut de nouveau la ville de Sommières qu'il sauva, et devant les murs de laquelle il reçut encore, mais cette fois en pleine poitrine, une arquebusade qui mit un instant ses jours en danger. A peine rétabli, il força les autres places rebelles à faire leur soumission.

V

Le colonel Alphonse d'Ornano était depuis quelque temps gouverneur de Pont-Saint-Esprit, lorsque la mort du duc d'Alençon fit reprendre les armes aux ligueurs, qui voulurent tenter un coup sur Remoulins, afin de se jeter ensuite sur Pont-Saint-Esprit. Remoulins était alors une place importante, elle commandait le passage du Gard, et c'est là que commençait le fameux aquéduc construit par les Romains pour conduire à Nîmes les eaux de la fontaine d'Aure. Le colonel s'y rendit, en assura la défense, et y laissa un seigneur d'Ornano, son parent, pour y commander. Il apprit bientôt que M. de Châtillon l'avait investi avec plus de cinq mille hommes. A cette époque, les petites places et les petites armées jouaient un grand rôle. On ne voyait pas des deux cent mille combattants, réunis sur un même point, lutter des journées entières, et la prise d'une ville qui, de nos jours, n'aurait nulle importance, terminait quelquefois une campagne. Alphonse d'Ornano n'hésita pas à porter secours à la garnison de Remoulins. A la tête de quatorze cents hommes, il se fit jour à travers le corps assiégeant et contraignit M. de Châtillon à décamper au plus vite, suivant l'expression adoptée par les anciens auteurs. Ce fait d'armes donna un grand relief à la bravoure du colonel. Un autre, qui le suivit de près, fit valoir non-seulement son courage, mais encore ses talents militaires.

Forcé de lever le siége de Remoulins, M. de Châtillon avait conduit ses troupes à M. de Lesdiguières, et tous deux devaient opérer leur jonction avec un corps de cinq mille Suisses levés pour le parti des huguenots et prêt à entrer dans le royaume par le Dauphiné.

M. de La Valette, qui commandait alors l'armée du roi en Provence, en fut informé. Il proposa à d'Ornano de l'aider à conjurer l'orage, soit en se portant au devant des Suisses, soit en essayant de joindre et de combattre Lesdiguières. D'Ornano choisit la mission la plus difficile et la plus périlleuse, celle d'empêcher les Suisses de pénétrer sur le territoire. A cet effet, il part avec un millier d'hommes dont trois cent quarante fantassins, et se porte sur le bourg d'Uriage, par lequel doit passer la petite armée recrutée en Helvétie. Ayant bien reconnu lui-même la position et s'étant rendu compte de l'avantage qu'il pouvait tirer du terrain, le colonel tend une embuscade à l'ennemi. Par un dispositif de troupes des plus habiles et dont les meilleurs généraux de nos armées modernes se feraient gloire, il force ses adversaires à franchir un défilé dans lequel il les attaque en tête, en queue et sur les flancs et où la plupart trouvent la mort. Leur chef, le baron d'Aubonne, est pris malgré la plus belle défense avec un millier d'hommes échappés au massacre ; car les Suisses résistent en braves gens et ne cèdent que devant l'impossibilité de mieux faire.

Ce brillant combat ne coûta qu'une trentaine de soldats au colonel, tant ses mesures étaient bien prises. Henri III, en apprenant cette nouvelle et importante victoire remportée par Alphonse d'Ornano, s'écria que nul autre que lui, depuis César et François Ier, son aïeul, n'avait si glorieusement vaincu les Suisses. « Le Pape, dit le duc « de Nevers dans une lettre du 7 septembre 1587, « adressée par lui au roi, en apprenant le combat « d'Uriage, faillit en mourir de joie.

« J'avais dit à Sa Sainteté, ajoutait le duc de « Nevers, que Monsieur de Savoie avait donné

« passage à cinq ou six mille Suisses protestants « qui étaient entrés en Dauphiné pour se joindre « aux Huguenots de cette province par le moyen « et secours desquels ils pourraient faire un meil- « leur progrès, mais nonobstant que Votre Ma- « jesté fut abandonnée de tout secours humain, « toutefois elle était assurée de la force et puis- « sance de Dieu, comme il se voyait par la mort « de ces Suisses qui avaient été défaits par le co- « lonel Alphonse Corse lequel, avec une petite « troupe d'hommes, les avait vaillamment atta- « qués et aussi heureusement défaits. Sa Sainteté « fut si surprise d'aise de ces bonnes nouvelles, « que je crois qu'il m'en baisa cent fois, pleurant « de l'abondance des plaisirs qu'il sentait, et me « demanda plusieurs fois s'il était vrai et que je « lui contasse cette nouvelle parce qu'il en rece- « vait un grand plaisir, et que j'avais bien fait de « ne lui avoir pas dit dès le commencement de « l'audience parce qu'il croyait *qu'il en fût mort* « *de joie*. Il continua encore à louer le fait « d'armes, et soit qu'il dîne ou qu'il soupe, il ne « parle d'autre chose aux cardinaux qui sont avec « lui, et samedi, à l'audienee, il entra si avant à « ce propos avec l'ambassadeur d'Espagne, qu'il « lui dit que les exploits étaient vrais français, et « que là où ils voulaient mettre la main il n'y « avait rien qui se pût parer d'eux. »

Le combat d'Uriage, commencé à dix heures du matin, n'avait été terminé qu'à deux heures ; les Suisses s'étaient battus avec un acharnement sans égal, ils y avaient perdu tout leur monde et douze drapeaux. Le lendemain, Alphonse d'Ornano, de retour à Grenoble, présenta lui-même les trophées de sa victoire à La Valette qui fit chanter un *Te Deum*.

Le Roi récompensa ce beau succès par le brevet de conseiller d'État qu'il fit expédier au colonel ; puis le comte de Maugiron, appelé le fléau des hérétiques, son lieutenant-général en Dauphiné, étant mort, Henri III donna son commandement au brave d'Ornano.

Alphonse sauva ensuite la ville et le château de Crest situés entre Die et Valence, et se rendit à la cour du Roi. Paris était en pleine insurrection ; d'Ornano, voyant les menées des Guises, donna, mais inutilement à son souverain, le conseil de ne pas les recevoir. A la journée des Barricades, qu'il n'avait pu empêcher et où il commandait les gardes suisses, le colonel obtint que l'on remît à ce régiment les armes qu'on lui avait enlevées. L'on se trouva bien de cette confiance. Henri s'étant alors déterminé à agir contre les Guises, chargea son fidèle sujet le colonel des Corses de se rendre secrètement à Lyon et d'y arrêter le duc de Mayenne ; mais ce dernier avait eu probablement connaissance de cette mission, car au moment où d'Ornano entrait à Lyon par une porte, lui en sortait par une autre.

La mort de Henri III devint pour la Ligue prétexte à un redoublement de violences. Ce parti employa tous les moyens pour faire sortir du sentier du devoir l'intrépide et vertueux d'Ornano. Au milieu des troubles religieux et politiques, sa conscience et son bon sens furent ses seuls guides. En vain Mayenne, oubliant ce qu'avait tenté contre lui le colonel, lui fit-il proposer d'unir ses armes aux siennes, en vain les ligueurs essayèrent-ils de faire briller à ses yeux le prisme des plus séduisantes promesses, le suppliant de signer un traité : « Fils de l'Église, répondit d'Ornano, je lui ai « promis d'être toujours bon catholique, ce qui « ne m'empêchera pas d'être toute ma vie fidèle « au Roi ; » ajoutant qu'après cela, il n'avait plus d'autre serment à prêter. On parvint à l'assiéger dans Grenoble, à le forcer à quitter la place, il n'en préféra pas moins rester dans le parti de Henri IV et contracter avec son ancien ennemi Lesdiguières, comme lui fidèle au souverain légitime, une alliance offensive et défensive. Ils se donnèrent rendez-vous sur les bords de l'Isère et bientôt combattirent sous les mêmes enseignes. Alphonse prit d'assaut un fort près de Vienne, défendu par un nommé Foucher, chef de l'émeute qui l'avait contraint à quitter Grenoble. Foucher et la garnison furent passés par les armes, le colonel d'Ornano n'était pas homme à épargner un traître. Il courut ensuite au secours de Grenoble, s'empara en passant de la ville de Condrieu; puis, laissant Lesdiguières en Dauphiné, il se jeta dans le Lyonnais pour s'opposer aux projets du duc de Nemours dans cette province. Il mit le siége devant Roysnay. Là il eut une de ces aventures qui peignent bien son caractère énergique, digne d'un fils de Sampierro. Un gentilhomme bourguignon, nommé La Barre, sort de la place et vient porter un défi à coups de pistolet au plus hardi des assiégeants. Alphonse, sans prendre conseil de la raison, sans avoir égard à sa position de commandant en chef, accepte la rencontre. Il pique droit sur son adversaire, les deux coups de feu partent à la fois, La Barre n'est pas touché, et sa balle frappe la visière du casque du colonel qui, plus ébloui que blessé, est emmené prisonnier avant d'avoir pu se reconnaître. La joie fut grande dans le parti de la Ligue, et cette bravade que, de nos jours, on pardonnerait tout au plus à un sous-lieutenant de hussards, coûta au futur maréchal de France la somme énorme de quarante mille écus pour sa rançon, tant la valeur du colonel était estimée un haut prix chez ses adversaires !

VI

A peine rendu à la liberté, Alphonse d'Ornano courut se joindre à Henri IV alors près de Paris. Le Roi, le voyant encore sans épée, lui donna la sienne. Il lui enjoignit de se rendre en Provence pour seconder La Valette. Ce dernier, ayant été tué au siége de Rochebrune, d'Ornano reçut du Roi son commandement; mais il se trouva bientôt dans une position singulière. Le duc d'Épernon, frère de La Valette et son successeur aux emplois de Provence, prétendant avoir des droits sur ce commandement, voulut s'emparer de l'autorité. Le peuple et la noblesse prirent parti pour d'Ornano. Henri IV, prévenu de ce conflit, fit dire à d'Épernon de s'adjoindre d'Ornano et d'agir par son conseil, à d'Ornano de surveiller en secret la conduite du duc dont il avait quelques raisons de se méfier. Le colonel, secondant les intentions du souverain, agit avec prudence et habileté. Il fit disparaître toute trace de désunion, contribua à maintenir en Provence l'autorité royale, et prépara une belle et grande entreprise qui devait lui valoir le bâton de maréchal.

Lyon était alors aux mains de la maison de Savoie; Alphonse parvint, à force d'adresse, à se ménager des intelligences dans la place. Au jour convenu, les échevins livrent le pont du Rhône, d'Ornano se présente, le parti français se joint à lui, les rues retentissent du cri de : Vive le Roi! les armes d'Espagne et de Savoie sont remplacées par les fleurs-de-lis, et l'heureux colonel prend possession de la seconde ville du royaume, au nom de Henri IV.

Le Béarnais, à cette nouvelle, ne peut retenir l'expression de sa joie; il écrit au brave d'Ornano; puis, ayant voulu faire lui-même son entrée solennelle dans la ville, il profite de la circonstance pour nommer maréchal le colonel-général des Corses, récompensant par cette haute dignité trente années de guerre, un nombre infini de belles actions, une conduite héroïque en mainte circonstance, une fidélité à toute épreuve et une réputation sans tache.

On fit à cette occasion sur le nouveau maréchal les curieux vers que voici :

Quand il remit Lyon dans son obéissance,
On le fit maréchal de France,
Quoyque le nombre fust de quatre seulement;
Et comme sa valeur était incomparable,
Henry le Grand changea cet ordre justement,
Puisqu'il ne pouvait pas le faire connestable.

Le 16 septembre 1595, le Roi remit à Lyon à

d'Ornano un brevet des plus flatteurs, sur lequel sont relatés les services qu'il avait rendus (1). Toutefois le maréchal ne pouvait exercer son pouvoir avant d'avoir prêté serment. Le Roi le pria d'attendre. Alphonse, en cela comme en toute chose, exécuta la volonté de son souverain. Le 20 janvier 1596, Henri IV lui écrivit une longue lettre de sa propre main (2) pour l'autoriser à se faire reconnaître.

Alphonse d'Ornano ne tarda pas à se rendre à Paris pour y recevoir des mains mêmes de Henri IV son bâton de maréchal. Pour cette cérémonie, le Roi emprunta le bâton du maréchal de Matignon, alors gouverneur de Guyenne, comme pour faire au nouveau dignitaire la promesse de lui donner la survivance de ce gouvernement. L'année suivante, les États ayant été convoqués à Rouen, le Béarnais, qui savait d'Ornano homme de bon conseil, et qui lui écrivait les lettres les plus flatteuses et les plus intimes, l'appela à en faire partie. Il le créa ensuite chevalier de l'ordre du Saint-Esprit, faveur qui n'était accordée qu'à la plus haute noblesse.

Tandis que le maréchal se trouvait loin du Dauphiné, un comte de La Roche, profitant de son

(1) Note A.
(2) Note B.

absence et malgré les obligations qu'il avait au Roi, ourdit une conspiration et parvint à se rendre maître de Romans. A cette nouvelle, d'Ornano accourt et reprend cette place, dont il fait raser la citadelle. Henri IV, fort satisfait de la vigueur du maréchal, lui écrivit une longue lettre (1).

Ce fut à cette époque que le duc de Savoie, fatigué de ne pouvoir rien contre le midi de la France, tant le maréchal était habile à déjouer ses projets, voulut employer la séduction. Il envoya deux émissaires chargés de faire à d'Ornano les plus brillantes propositions. Le fils de Sampierro ordonna qu'on les pendît, comme espions. Telle fut sa réponse.

VII

A l'époque où nous sommes parvenus de la vie d'Alphonse d'Ornano, le maréchal de Matignon vint à mourir. Henri IV ayant promis le Dauphiné à Lesdiguières et croyant la Guyenne plus digne de d'Ornano, fit proposer à ce dernier la lieutenance-générale de cette province. Il refusa. Le

(1) Note C.

Roi lui écrivit le 9 février 1597, de la façon la plus amicale (1).

Mais d'Ornano, informé des intrigues de Lesdiguières pour lui faire ôter son gouvernement du Dauphiné, ne se rendit pas à cette lettre si affectueuse du Roi. Tout son sang corse se révoltait à l'idée que son ancien compagnon d'armes cherchait à le supplanter. Sans s'arrêter à la pensée que la compensation offerte était une faveur nouvelle, il se crut offensé, et envoya proposer un cartel à Lesdiguières, chargeant de cette mission La Cardonnière, gentilhomme du Dauphiné. Tout cela ne put être tenu si secret que Henri IV n'en fût instruit. Il fit venir près de lui les deux adversaires, les força de s'embrasser, promettant au maréchal d'Ornano qu'il ne quitterait jamais son gouvernement que de sa propre volonté. Lesdiguières, mécontent, s'éloigna de la cour sans se soucier de concourir à la reprise de la place d'Amiens, enlevée par les Espagnols. Quant à d'Ornano, il s'en fut de son côté se renfermer en Dauphiné, faisant mine de n'en vouloir bouger.

Le Béarnais était très-contrarié de cette mésintelligence, nuisible à ses affaires; et, en effet, tandis que, d'une part, Lesdiguières s'abstenait du siége d'Amiens, d'une autre, des troupes espa-

(1) Note D.

gnoles franchissaient le Mont-Cenis sans obstacle, pour venir dans le nord de la France. Aussi s'écria-t-il dans un moment d'humeur : « Ventre-« saint-gris ! mes ennemis ont passé les monta-« gnes ; ils viennent se joindre à ceux de Flandre, « puis ils fondront sur moi pour me faire lever le « siége. Qui en sera cause ? d'Ornano et Lesdi-« guières avec leurs discussions. J'en donne de « bon cœur la race aux mauvais anges. » Lesdiguières s'excusa, prétextant le débordement des rivières, qui l'empêchait de marcher ; et puis, ajoutait-il tout bas, je ne veux pas avoir les Espagnols en tête et les Corses en queue.

Enfin, en 1599, d'Ornano finit par accepter la lieutenance-générale de la Guyenne, à laquelle le roi ajouta le gouvernement du Château-Trompette et une pension de 12,000 écus. La réconciliation entre lui et Lesdiguières devint alors réelle.

D'Ornano avait conservé, vis-à-vis de Henri IV, une brusque franchise dont rien ne pouvait le faire départir. Le prince en riait et ne s'offensait jamais de ses paroles. Souvent le maréchal lui faisait de véritables homélies sur son amour pour les femmes, péché mignon du bon roi. Alphonse était, lui, d'une grande vertu et d'une incomparable piété. Quelquefois encore il gourmandait son souverain sur sa répugnance à réprimer les écarts de prédicateurs toujours prêts à confisquer la religion au profit de la politique, prédicateurs dont la race n'a pas disparu avec le dix-septième siècle. Un jour, il lui dit « qu'il était en très-mauvais « prédicament envers son peuple, et qu'on n'a-« vait jamais tant médit ni détracté le feu Roi, « comme on faisait partout de lui; bref, qu'il « n'était pas aimé de son peuple, qui se plaignait « étrangement des impositions qu'on lui mettait « sus journellement, plus intolérables sans com-« paraison que celles souffertes sous le feu Roi « pendant les grandes guerres; je craindrais fort « un désespoir et une révolte. — Ventre-saint-« gris! s'écria Henri, je sais bien qu'il y a des « brouillons dans mon royaume qui ne deman-« dent qu'à remuer, mais je les saurai bien châ-« tier. Je ne ferai pas comme le feu Roi; ils trou-« veront plus rude joueur que lui. — Je ne vous « conseille pas cela, lui répondit d'Ornano, et je « vous prie de croire que votre principale force « gît dans la bienveillance de vos sujets. Je me « trouvais aux barricades de Paris et ne me trou-« vais en ma vie si empêché. Le feu Roi avait plus « de noblesse que vous n'en avez et plus de « peuple à sa discrétion que vous n'en auriez, et « toutefois il fut contraint de quitter Paris et nous « tous aises d'en remporter nos têtes. »

La Guyenne, fort agitée pendant les troubles religieux qui avaient marqué la fin du seizième siècle, ne tarda pas à jouir d'un certain calme, grâce aux efforts du maréchal.

Tandis qu'il se faisait aimer dans son nouveau gouvernement, comme il s'était fait chérir en Dauphiné et en Provence, la guerre éclatait entre la France et l'Italie. Henri IV, prenant lui-même le commandement de ses troupes, battait le duc de Savoie et lui enlevait une partie de ses places fortes. Ne voulant pas distraire d'Ornano de ses importantes fonctions, il songea à son fils aîné, déjà colonel d'un régiment corse, et il écrivit le 16 août 1600, de Chambéry, au maréchal, une longue lettre pour le lui demander (1).

VIII

Nous n'avons pas encore parlé du mariage d'Alphonse d'Ornano. Il avait épousé Marguerite de Flassans, dont il eut quatre fils et trois filles. L'aîné de ses fils, qui devint maréchal sous Louis XIII, né en 1581, avait dix-neuf ans lorsqu'il rejoignit Henri IV en Savoie, pendant la campagne de 1600, à la tête du régiment des Corses.

(1) Note E.

Une année s'écoula. Henri était toujours à guerroyer en Savoie, quand arriva en Guyenne une aventure mi-tragique, mi-burlesque, qui mit d'Ornano en antagonisme forcé avec un des plus grands seigneurs de cette époque, le duc d'Épernon, avec lequel, on s'en souvient, déjà à la mort de La Valette, il avait eu maille à partir.

Le duc d'Épernon, qui avait tous ses intérêts en Guyenne, se rendant à son château de Cardillac, traversa Bordeaux, où il voulut séjourner. Il n'avait pas encore vu d'Ornano depuis que ce dernier était dans son nouveau gouvernement. Ils se firent d'abord quelques politesses; mais bientôt le duc, oubliant que la Guyenne était aux mains d'un homme peu disposé à se laisser manquer d'égard, voulut trancher du souverain et se poser en quasi-gouverneur de la province. Comme pour narguer le maréchal, il donna des courses de bagues et convoqua à des fêtes publiques toute la noblesse de Bordeaux et des environs.

D'Ornano, blessé de cette façon d'agir, déclara au Parlement qu'étant seul représentant de l'autorité royale en Guyenne, il s'opposerait, même par la force, à ces bravades du duc d'Épernon. L'effet suivit de près la menace : il fit pointer du canon contre l'hôtel du duc, qui fut contraint de quitter la ville.

D'Épernon, furieux, ne voulut pas que cette

affaire en restât là. Il résolut de rentrer à Bordeaux. Les portes lui étant fermées, il n'hésita pas à employer une échelle de corde pour escalader les murailles. Mal lui en prit : il fit une chute et se cassa la jambe.

Dès qu'il fut informé de cet événement, d'Ornano alla trouver le duc, mit à sa disposition ses gens, sa maison et sa personne, se déclarant très-peiné de cette triste aventure. Le duc, confus de ce procédé noble et courtois, ne voulut pas rester dans la province, il en sortit aussitôt qu'il le put, et à peine rétabli, il fut porter plainte à Henri IV, se laissant entraîner à prononcer quelques paroles presque blessantes pour le maréchal. Le Roi, fort mécontent de voir se renouveler entre ces deux hauts personnages une querelle qui ne pouvait que nuire à sa cause, eut beaucoup de peine à empêcher entre ces deux hommes une rencontre l'épée à la main. Il leur ordonna de le venir trouver à Paris dès qu'il y serait de retour, et il écrivit au maréchal une longue et curieuse lettre, datée de Chambéry, 21 octobre 1601 (1).

Le Roi étant revenu à Paris, le maréchal et le duc se rendirent auprès de sa personne. Henri IV prit connaissance de l'affaire et donna raison à d'Ornano, approuvant sa conduite en tout point.

(1) Note F.

Il semblait que le maréchal, poussé par la fatalité, fût destiné à avoir des affaires désagréables avec tous les grands personnages de l'époque. A peine réconcilié avec Lesdiguières, il se brouille avec d'Épernon ; à peine réconcilié avec d'Épernon, il lui arrive avec Sully une aventure qui, sans l'intervention du Roi, eût fait de ces deux hommes deux ennemis acharnés.

Voulant profiter de son séjour à la Cour pour obtenir le paiement des montres de ses gens de guerre, paiement fort en retard, d'Ornano en parle à Henri IV, qui lui dit de voir le surintendant des finances. Après plusieurs visites infructueuses au marquis de Rosny, le maréchal a encore recours au Roi, et il en reçoit l'invitation de se présenter de nouveau chez le ministre. Il ne peut obtenir satisfaction de ce dernier. Fatigué d'être rejeté si souvent, il élève tout à coup le ton et s'écrie : « Monsieur, est-ce que vous pensez toujours me « traiter en petit solliciteur et ne pas faire la vo« lonté du Roi ? *Per il corpo di me !* puisque le « Roi veut que l'on me contente, il faudra que « vous le fassiez. » — Sully, non moins violent que le maréchal et peu habitué à entendre un semblable langage, reprend aussitôt : « Hé quoi ! « Monsieur, vous me traitez comme si vous étiez « le compagnon du Roi. » — Alors d'Ornano, mettant la main sur la garde de son épée : « *Per*

« *il corpo di me!* lui dit-il, Monsieur, il y a qua-
« rante ans que je porte cette épée à mon côté « pour en rompre la tête à ceux qui voudront « faire les compagnons avec le Roi mon maître, « comme vous faites. »

Cette scène se passait en présence de beaucoup de seigneurs de la Cour, elle ne tarda pas à être racontée à Henri IV qui, après s'en être beaucoup amusé, surtout de ce mot du maréchal : comme vous faites, manda les deux adversaires et les réconcilia. Il les réconcilia même si bien qu'ils devinrent des amis intimes et véritables.

IX

Le maréchal d'Ornano, de retour dans son gouvernement de Guyenne, trouva la ville de Bordeaux décimée par la peste. Déjà, pendant qu'il commandait au Pont-Saint-Esprit, en 1586, il avait eu à lutter contre ce terrible fléau. Il n'avait pas peu contribué alors à éteindre la maladie en faisant construire à ses frais, en bon air, une quantité de huttes dans lesquelles on transportait les malheureux atteints par l'épidémie. Il fit de même à Bordeaux. Au bout du pont, il donna ordre d'élever des maisonnettes en bois qui devinrent des espèces d'hôpitaux provisoires. Chaque jour il allait en personne consoler et soulager les malades, leur portant ce dont ils pouvaient avoir besoin, et dépensant tout ce qu'il possédait pour remplir le pieux devoir qu'il s'était imposé, sans crainte pour lui-même. Un trait entre mille. Un matin il frappe à l'une de ces huttes, dans laquelle, la veille, il a fait transporter une malheureuse et ses deux petits enfants. On ne lui répond pas, la porte est enfoncée ; un épouvantable spectacle s'offre à ses yeux, la mère et l'un des enfants sont étendus morts, l'autre à la mamelle est encore sur le sein de la pauvre femme. Le maréchal l'enlève dans ses bras, le porte sur son cheval à sa propre demeure, fait venir une nourrice et a le bonheur de rendre la vie au malheureux orphelin.

Le fléau commençait à étendre ses ravages dans Bordeaux, lorsque le connétable de Castille, venant de Paris, traversa cette ville pour se rendre à Madrid. Reçu avec de grands honneurs par ordre de Henri IV (1) à Bordeaux, il descendit chez le maréchal. Le soir, se trouvant à sa table, il crut remarquer que son hôte ne tournait pas facilement la tête et que quelques bubons noirs paraissaient sur son cou. Aussitôt la peur le gagne ; à peine le dîner terminé, il disparaît, fait demander sa voiture et s'éloigne au plus vite. Le maré-

(1) Note G.

chal, cependant, ne fut pas atteint du fléau, et, malgré les soins qu'il ne cessa de donner aux pauvres pestiférés, la contagion l'épargna presque miraculeusement.

Nous avons trouvé à ce sujet dans un recueil moderne, le *Journal pour tous*, un curieux article historique auquel nous empruntons le récit suivant :

« Lorsque Henri IV fut maître de la France et que la paix se rétablit dans tout le royaume, Bordeaux, habitué depuis plusieurs années à une sorte d'indépendance, subit sans révolte, sinon sans murmure, la révolution accomplie par les armes du Béarnais et par la trahison des principaux chefs de la Ligue. L'avénement de la maison de Bourbon fut la ruine des libertés municipales et la victoire de la centralisation monarchique. La mairie de Bordeaux cessa bientôt d'être élective ; du moins, en 1599, « M. le maréchal d'Ornano fut élu maire de la ville par l'exprès commandement du Roi. » Le maire élu par ordre avait à peine pris possession de sa charge, que le retour de la contagion vint lui donner une occasion éclatante de justifier le choix de son maître et de mériter après coup les suffrages des habitants. Il ne recula point devant le péril, et, par son courage, sa générosité, son dévouement, il se montra digne du poste auquel une nomination irrégulière l'avait élevé.

« Il ne manquait pas, dit l'*Histoire curieuse et*
« *remarquable de Bordeaux*, d'aller deux fois la
« semaine à l'hôpital de la Peste ; il se faisait ou-
« vrir sans répugnance le grand portail et entrait
« à cheval dans la basse-cour, et là s'informait
« par lui-même si les pauvres enfermés étaient
« bien secourus d'aliments, de médicaments et
« d'autres nécessités. Tous ceux des affligés qui
« n'étaient pas alités sortaient et se rangeaient à
« sept ou huit pas de distance pour lui dire leurs
« besoins ; il avait soin d'ordonner d'y pourvoir
« ou d'y pourvoir lui-même ; car il ne sortait pas
« de là qu'il n'eût vidé sa bourse. Il était tou-
« jours pourvu de beaucoup de préservatifs qu'il
« envoyait dans les maisons bourgeoises et autres
« de la ville pour tâcher de les garantir. Il allait
« pareillement visiter les affligés qui étaient ren-
« fermés dans la ville, et, s'il s'apercevait qu'ils
« n'eussent pas les provisions nécessaires, il y
« faisait pourvoir à ses dépens, jusqu'à y envoyer
« même les vivres de sa table. Le roi Henri IV,
« qui aimait beaucoup ce seigneur, ayant appris
« combien il exposait sa vie dans cette contagion
« pour sauver les autres, le pressa, par différentes
« fois, de quitter cet air pestiféré ; à quoi il ré-
« pondit toujours, avec une louable constance,
« qu'il regardait les habitants de Bordeaux comme
« sa propre famille, et qu'il aimait mieux mourir

« avec eux que de manquer à les assister de tout « son pouvoir dans des besoins aussi pressants. »

« Ce simple récit d'un chroniqueur suffirait à la gloire du maréchal d'Ornano. En pensant au courage avec lequel il se rendait chaque jour à l'hôpital de la Peste, au milieu de ces pauvres affligés dont il se fit une famille, lui grand seigneur, portant des consolations et des secours aux enfants du peuple, vidant sa bourse et dépouillant sa table pour nourrir les pauvres, distribuant de sa main des remèdes aux malades, exposant sa vie au contact des pestiférés, et résistant, par un effort d'héroïsme, aux instances, aux prières, presque aux ordres du Roi, on bénit la mémoire du fils de Sampierro.

« Un dernier mot à sa louange. Après avoir bravé l'épidémie, il entreprit d'en prévenir le retour et d'assainir la ville en détruisant la source du mal. Il passa un contrat avec le Flamand Conrad Gaussens pour le dessèchement du palu de Bordeaux. Le cardinal de Sourdis s'associa fort activement à ce projet, dont l'archevêché, voisin du cloaque, devait retirer un profit certain et immédiat. Les marais furent rendus à la culture; les eaux s'écoulèrent par des issues habilement ménagées dans des canaux dont les bords, plantés d'arbres, attirèrent les promeneurs sous de frais ombrages; et, dans ces lieux redoutés, qui naguère vomissaient la peste, M. de Sourdis bâtit la Chartreuse. Du palu de Bordeaux il ne resta rien que la tradition des maux qu'il avait causés. La reconnaissance publique doit mêler à ces souvenirs les noms de M. de Montluc et du maréchal d'Ornano. »

Après deux siècles et demi, Bordeaux n'a pas encore oublié le nom du maréchal Alphonse et sa belle conduite. Il y a un an, cette ville a voulu que le nom *d'Ornano* fût donné à l'une de ses principales rues. On lit dans *le Moniteur* du 24 juillet 1861 :

« Les journaux de Bordeaux publient l'arrêté suivant qui donne à l'une des principales rues de cette ville le nom d'Ornano :

MAIRIE DE LA VILLE DE BORDEAUX.

Extrait du registre des arrêtés du maire de la ville de Bordeaux, du 28 juin 1861.

« Le maire de la ville de Bordeaux,

« Considérant que le maréchal Alphonse d'Ornano, lieutenant-général du roi Henri IV, en

Guyenne, de 1599 à 1610, et maire de Bordeaux, a donné d'éminentes preuves de courage civil, de dévouement et d'humanité, en dirigeant, de sa personne, les secours publics mis à la disposition des victimes des épidémies résultant de l'état d'insalubrité du marais sur lequel est assis aujourd'hui le quartier de Belleville ;

« Que l'on doit à son initiative les premiers travaux de dessèchement de ces marais, exécutés sous ses ordres par le Flamand Conrad Gaussens ;

« Que le maréchal Alphonse d'Ornano a concouru, avec le cardinal de Sourdis, à la fondation, par Blaise de Gasc, de la Chartreuse de Bordeaux, en 1605, institution dont le but local était d'assurer et de maintenir, par la culture, l'assainissement de ces mêmes marais pestilentiels ;

« Qu'en dehors de ces faits spéciaux, le maréchal d'Ornano a rendu à la province de Guyenne des services aussi nombreux qu'éclatants, et que, comme maire de Bordeaux, il a montré le même zèle pour tout ce qui regardait les intérêts de la ville, le soulagement des pauvres et le bien-être général de la population, pour laquelle sa mort, survenue en 1610, fut l'occasion d'un deuil public;

« Considérant que les qualités éminentes et l'abondante charité dont a fait preuve le maréchal d'Ornano ne sauraient être trop honorées, et qu'il y a lieu de rappeler son nom et ses services au souvenir et à la reconnaissance du public ;

« Que rien n'est plus propre à remplir cet objet que de donner son nom à l'une des plus importantes voies du quartier de Belleville, la rue Couturier, placée au centre de l'ancien Marais, qui relie le cours d'Albret au boulevard de ceinture et se croise avec la rue à laquelle a été donné le nom du cardinal François de Sourdis, cet éminent prélat contemporain de l'illustre maréchal, et son associé dans ses œuvres d'intérêt public, de dévouement et de charité,

« Arrête :

« Art. 1er. A dater du 15 juillet 1861, la rue Couturier prendra le nom de rue d'Ornano.

« Art. 2. Des dispositions seront prises pour que ledit jour les plaques dénominatives soient remplacées.

« Art. 3. Notre division des travaux publics est chargée de l'exécution du présent arrêté.

« Fait et arrêté à Bordeaux, en l'hôtel de ville, le 22 juin 1861.

« *Le maire de Bordeaux*,

« CASTÉJA. »

« Nous croyons savoir que le troisième maréchal d'Ornano a été profondément ému de cette haute marque de reconnaissance donnée par la postérité au premier maréchal de son nom. »

La peste avait respecté le maréchal ; mais une autre maladie, qui devait avoir des conséquences plus terribles, lui causait d'horribles souffrances. Il avait la pierre, et, à cette époque, l'opération de la taille équivalait presque à un arrêt de mort. C'est alors (en 1609, au mois d'août) qu'il fut mandé à la cour pour les apprêts d'une nouvelle campagne ayant pour cause l'affaire du duché de Clèves et dans laquelle Henri IV voulait l'employer. La maladie de d'Ornano s'étant aggravée, il résolut de subir l'opération et en demanda l'agrément au Roi, en lui faisant pressentir qu'il lui disait un dernier et éternel adieu. « Henri le reçut « gracieusement et parla longtemps d'affaires avec « lui, pendant lequel on remarqua que les larmes « coulaient le long du visage du Roi, et lorsque « d'Ornano prit congé, ce bon prince avait le « cœur si serré qu'il ne put lui parler. » (*Journal de Henri IV*, t. IV.)

Pendant cette dernière entrevue, Henri IV lui dit : « Mais vous, Monsieur le maréchal, depuis « votre retour de Bordeaux, vous ne m'avez pas « parlé de vos affaires. — Je n'en ai pas, Sire, lui

« répondit le maréchal. — Mais vous n'êtes pas « riche, dit le Roi. — Je le suis, Sire, tant que Dieu « merci et vos bienfaits, j'ai mis dix mille écus « ensemble, avec lesquels j'irai planter les éten- « dards de Votre Majesté jusque dans Pampelune, « toutes les fois qu'elle le voudra. — Eh bien ! « dit le Roi, j'accepte votre offre ; je vous don- « nerai plus que si vous m'aviez demandé. »

Le maréchal, ainsi qu'il l'avait prévu, ne survécut que peu de jours à l'opération terrible qu'il subit sans se plaindre. On lui retira une pierre (1) qui ne pesait pas moins de sept onces. La gangrène se mit dans la plaie et il mourut le 21 janvier 1610, à l'âge de 62 ans, ayant vécu fidèle à son roi, plein de pitié et dépensant tout son avoir pour secourir l'infortune. Il avait, à sa mort, quarante-cinq ans de services, avait exercé le commandement de six grandes provinces, n'ayant pas économisé une obole sur ses traitements et ayant même fait don à toutes les villes dont il avait été le gouverneur, des établissements qui lui venaient de la munificence du Roi.

Son corps fut transporté à Bordeaux et déposé d'abord à Saint-André ; puis son fils lui fit élever un magnifique mausolée en marbre blanc et noir,

(1) Cette pierre est au château de la Branchoire, appartenant au maréchal d'Ornano, gouverneur actuel des Invalides.

enrichi de bronze doré, dans l'église des religieuses de la Merci. Le cœur fut confié aux religieuses de l'*Ave Maria*, où tous les ans il donnait douze cents écus pour le mariage de douze jeunes filles pauvres.

Voici l'épitaphe gravée sur le mausolée du maréchal Alphonse, elle résume la vie de ce rude soldat et de ce fidèle sujet :

« Arrête, passant, et lis cet éloge d'un invincible héros ; c'est Alphonse d'Ornano, illustre par la noblesse de sa naissance. La Corse, heureuse de l'avoir produit, le vit naître sous l'espace favorable de l'étoile de Mars, la France le reçut en sa jeunesse comme un foudre de guerre, et s'étant rendu fameux par ses victoires, l'univers l'admira pour avoir délivré Remoulins, défait les Suisses et réduit Lyon à l'obéissance du roi. Depuis, étant honoré du bâton de maréchal de France et du Gouvernement de Guyenne, il fit paraître sa piété envers Dieu, sa dévotion envers la Vierge, sa fidélité envers le Roi et sa probité envers les hommes. Il garda soigneusement la discipline militaire, il porta grand respect à la justice, et laissa aux grands et aux petits un grand regret de sa mort. »

X

LE MARÉCHAL JEAN-BAPTISTE D'ORNANO.

Jean-Baptiste d'Ornano, fils aîné du maréchal Alphonse et qui devait lui succéder dans une partie de ses dignités, était né en 1581, à Sisteron. Sa complexion, loin d'être, comme celles de son grand-père et de son père, vigoureuse et robuste, semblait au premier abord plutôt délicate et nerveuse. D'une taille élevée, d'une beauté de formes peu commune, il portait empreints sur une charmante figure, les signes d'une douce et sympathique mélancolie. Sa conversation était des plus spirituelles, son instruction étendue, et il avait tellement *haute mine*, comme on disait alors, que le comte de Soissons et le duc de Montpensier assuraient un jour devant plusieurs personnages de la Cour, que s'ils n'étaient princes du sang, ils voudraient ressembler à d'Ornano, le seigneur le plus accompli qu'ils connussent.

Le fils du maréchal Alphonse avait, comme ses aïeux, l'amour de la gloire et les plus belles dispositions pour le métier des armes. A quatorze ans, il se distinguait au siége de La Fère, où déjà il commandait une compagnie de chevau-légers.

En 1595, lorsque le roi Henri IV donna le bâton de maréchal au père, il remit au fils le com mandement du régiment des Corses, et c'est à sa tête que le jeune colonel rendit de très-brillants services à la campagne de Savoie. Une affaire surtout mit en relief sa bravoure chevaleresque. Le régiment était occupé devant le fort de Sainte-Catherine. L'assiégé, profitant de ce que le colonel était au lit avec la fièvre depuis plusieurs jours, fait une sortie vigoureuse. D'Ornano se lève aussitôt et, puisant une énergie nouvelle dans le danger, il court au devant de l'ennemi. Son second le supplie de ne pas prendre le commandement, tant la maladie a fait de ravages sur lui, le jeune homme le menace de son épée. Il rallie les siens, les mène au combat, refoule la sortie dans la place et revient se jeter sur son lit de douleur.

« Mon fils, lui écrit à cette occasion le marécha « Alphonse, je loue Dieu de ce que j'aie su que « vous faites honorablement en votre commande- « ment, ce qui me donne beaucoup de joie. Je « vous prie, mon fils, de reconnaître que cela vient

« de Dieu, et que tant que vous aurez d'honneurs, « ayez tant plus de modestie et de courtoisie. »

La paix conclue, d'Ornano revint à Bordeaux chercher son père, afin de le mener à Paris pour le faire tailler de la pierre. On sait que le maréchal mourut trois jours après l'opération, dans les bras de son fils. Henri IV se montra généreux pour ses enfants (1). Le colonel l'ayant remercié : « Votre jeunesse, lui dit avec bonté le Roi, est cause que je ne vous ai pas donné ma lieutenance en Guyenne avec l'office de maréchal de France; mais le Château-Trompette vous servira de premier échelon. Faites seulement deux ou trois bonnes actions pour que, quand je vous donnerai des charges, on voie que vous les méritez et que je ne fais rien sans cause, et, afin que vous le puissiez, je vous ordonne que vous fassiez armer à ce printemps douze cents de vos Corses pour me servir en Italie, et soyez autant disposé à faire vertueusement en me rendant votre service, que je

(1) Il donna à Jean-Baptiste d'Ornano le gouvernement du Château-Trompette, celui de Pont-Saint-Esprit, de Saint-André, de Crest et de Murat, 60,000 livres sur les deniers extraordinaires des finances, l'entretien de quarante capitaines corses, 4,000 écus de pension, un brevet de réserve de trois abbayes, sous le nom du troisième de ses frères, la baronie de Lunel, qui lui appartenait en propre, à lui, Henri IV. D'Ornano devint par suite de son mariage, comte de Montlaur et de Saint-Romèze, marquis de Maubec et de Montpezat, baron d'Aubenas, Gratteloup et autres lieux, premier baron du Dauphiné.

serai à vous mettre en main le bâton de maréchal de France. »

Cette charge, que lui promettait le bon roi Henri, ne lui fut conférée que sous le règne suivant, et ne lui porta pas bonheur, ainsi qu'on le verra plus loin.

Jean-Baptiste d'Ornano ramena dans la capitale de la Guyenne le corps de son père, puis il se rendit du côté de Lyon pour rassembler les Corses que le roi lui avait demandé d'enrôler. En arrivant au Pont-Saint-Esprit, il apprit l'assassinat de Henri IV.

A cette nouvelle affreuse, le colonel, craignant que des troubles ne vinssent à éclater en Languedoc et en Guyenne, où il n'y avait alors ni gouverneur ni lieutenant du Roi, résolut d'user de l'influence de son nom pour maintenir ces provinces dans l'autorité du jeune Louis XIII. En conséquence, il expédie son frère cadet en Languedoc et lui-même se rend à Bordeaux, écrivant dans toutes les villes pour recommander l'union et la fidélité au Roi.

Bordeaux le reçut comme un libérateur. S'emparant du pouvoir militaire, il y maintint le bon ordre et conserva cette province au souverain légitime.

Les droits du chef de l'État bien assurés, d'Ornano vint à la Cour. La reine-mère lui donna les plus éclatants témoignages d'estime et de reconnaissance, et lui fit épouser une femme d'un haut mérite, la comtesse de Montlaur, marquise de Maubec, veuve du marquis de Grimaut, aussi belle que vertueuse, dont par malheur il n'eut pas d'enfant.

XI

Avec le Béarnais étaient passés les temps de gloire militaire, l'intrigue de cour devenait toute-puissante. Les favoris allaient dominer, jusqu'au moment où un grand ministre, arrivant au pouvoir, élèverait sur les ruines de la féodalité les bases d'un édifice social fort et compact. La France des hauts barons était prête à disparaître pour faire place à la France royale de Louis XIV qui, un siècle plus tard, devait à son tour céder le pas à la France nationale.

A cette époque, Concini, amené de Florence par la reine-mère, était maréchal, ministre, et régnait en maître sur le royaume. Sa famille avait eu quelques rapports avec celle des d'Ornano ; le colonel le voyait et était même assez lié avec lui. Lors d'une discussion que le maréchal d'Ancre eut avec le duc de Bellegarde, le colonel des Corses lui offrit son épée. Ils étaient dans ces termes, lorsqu'un jour Concini, dont l'orgueil ne connaissait plus de bornes, lui fit demander une compagnie de son régiment pour lui servir de gardes. D'Ornano refusa poliment; mais ce refus indisposa le ministre. Cependant la reine-mère qui, tout en ayant pour Concini et pour sa femme le plus grand faible, ne voulait pas s'aliéner un homme de la valeur de d'Ornano, resta étrangère à ce conflit. Quelque temps après, elle jeta les yeux sur le colonel pour l'opposer, en Guyenne, à la ligue des d'Épernon, des Lesdiguières, des Montmorency et des Roquelaure. Outrés de l'arrogance et de la puissance souveraine du maréchal d'Ancre, ces personnages avaient résolu de créer un tiers-parti dans l'État pour combattre le favori, alors détesté de presque toute la noblesse de France.

Marie de Médicis chargea d'Ornano, *de la part du Roi*, lui dit-elle, de s'entendre avec plusieurs seigneurs de Guyenne pour contre-battre cette ligne, colorant cet acte de la raison d'État. Prêt à partir pour Bordeaux afin d'exécuter cet ordre, le colonel fut prendre congé du Roi. Il trouva Louis XIII dans la petite galerie du Louvre. Ce prince lui demanda ce qu'il désirait : « Je viens, « lui dit d'Ornano, recevoir mon commandement. « — Et où allez-vous? reprit Sa Majesté. — A Bor-

« deaux, Sire, servir suivant les instructions qu'on « m'a données de votre part. — Je ne sais pas ce « que c'est, » ajouta Louis XIII ; et, le tirant à l'écart dans l'embrasure d'une fenêtre, il lui parla de l'arrestation prochaine de Concini, exigeant le secret et lui recommandant de ne pas partir. D'Ornano ne quitta donc pas la Cour. Lorsque le maréchal d'Ancre eut rendu le dernier soupir, Louis XIII le chargea de porter cette nouvelle à la reine-mère et au Parlement.

D'Ornano n'avait pris aucune part au meurtre de Concini ; cependant Marie de Médicis crut toujours que, non-seulement il avait trempé dans cette affaire, mais qu'il en était l'instigateur. Elle ne lui pardonna jamais.

Au favori de Marie de Médicis succéda le favori de Louis XIII, le connétable de Luynes. La maréchale Alphonse d'Ornano était sa parente au troisième degré ; en sorte que, dans le principe, son fils fut bien en Cour. On le nomma lieutenant du roi en Normandie en échange du Château-Trompette, et il eut en outre le gouvernement particulier de Quillebœuf, de Pont-de-l'Arche et du Château-Gaillard, au-dessus des Andelys. Il fit venir dans ce vieux castel les quatre compagnies corses qu'il avait encore à Bordeaux, et les y nstalla.

XII

On était en 1619. Le comte du Lude, gouverneur de Monsieur, frère du Roi, mourut; Louis XIII jeta les yeux sur d'Ornano pour le remplacer. Cette position devait créer au brave colonel bien des ennemis secrets. Il était fort difficile, en effet, de satisfaire à la fois les deux frères ou plutôt les deux Cours : les moindres démarches, les paroles les plus insignifiantes, trouvaient facilement des commentateurs intéressés à les dénaturer.

Alors commença pour le fils du maréchal Alphonse une vie à laquelle ses premières années près de son père, les brillants combats auxquels il avait pris part, ne l'avaient pas habitué, vie d'intrigue à laquelle il devait succomber; car l'homme qui n'a pas l'habitude de graviter dans cette atmosphère empoisonnée, ne peut lutter longtemps contre la calomnie. La loyauté du soldat ne saurait triompher de la duplicité du courtisan.

D'Ornano, avec son extérieur avantageux, son esprit, son imagination active et ses belles qualités, ne tarda pas à prendre un certain empire sur son élève. Aussi, dès que la mort du connétable de Luynes lui eut enlevé le protecteur de sa famille, on l'accusa de cabales, d'intrigues, auxquelles il n'avait jamais songé. On prétendit qu'il cherchait à rendre son élève hostile au gouvernement du Roi. Ce dernier, furieux, parce qu'il croyait être la dupe de l'homme que lui-même avait placé près de son frère, proposa à ce dernier le commandement d'une armée contre les Rochellois, s'il voulait renvoyer son gouverneur en Normandie. Gaston d'Anjou (1) refusa en disant qu'il n'achèterait pas ses premières armes au prix d'une infamie. La résistance du prince fut plus nuisible qu'utile à d'Ornano, car le Roi et la Cour n'en devinrent que plus hostiles à sa personne, et bientôt on ne mit plus de bornes aux calomnies dont il devint l'objet.

Le colonel reçut du Roi l'ordre formel de quitter Monsieur et de se retirer à vingt lieues de la Cour. Il obéit. On ne fut pas satisfait, et on lui prescrivit de se rendre à Pont-Saint-Esprit ; il refusa et déclara qu'il préférait la Bastille.

« Sire, écrivit-il au Roi, lorsque la calomnie et
« le crédit de mes ennemis ont le pouvoir de me
« faire commander par Votre Majesté de quitter
« la charge dont vous m'aviez honoré près de
« Monsieur, votre frère, et même de votre pré-

(1) Plus tard Gaston d'Orléans.

« sence, j'ai incontinent obéi ; mais quand leur « violence les a portés jusqu'à me faire commander « de me retirer au Pont-Saint-Esprit, ce que je ne « pourrais exécuter sans me confesser coupable, « j'ai très-humblement prié Votre Majesté, ainsi « que je le fais encore, de m'en vouloir dispenser, « et de considérer, s'il lui plaît, que si dans votre « Cour, et depuis n'en étant qu'à vingt lieues, on « a bien pu vous déguiser la vérité de mes actions, « il n'y a pas d'accusation que je ne dusse crain- « dre, lorsque je serai comme relégué en l'une des « extrémités de votre royaume.

« Sire, bien que mes ancêtres aient eu le bon- « heur de se rendre assez recommandables à la « France par leurs services, j'attribue toutefois à « leur immuable fidélité, le grand nombre d'hon- « neurs et de charges importantes qu'ils ont reçus « des Rois vos prédécesseurs, sachant qu'ils n'ont « jamais eu le soin de leur fortune ou de leur vie, « comme de se garantir non-seulement du blâme, « mais encore du moindre soupçon. Cette même « passion envers mon Roi m'étant héréditaire, et « ne trouvant rien de difficile pour en donner « preuve à Votre Majesté, j'ai mieux aimé, pour « ôter tout sujet à mes ennemis de continuer leurs « calomnies, me résoudre à perdre ma liberté dans « une prison, que me retirer en des places dont « l'assiette leur fournirait des prétextes de donner

« continuellement des défiances de moi à Votre « Majesté. Ainsi je n'ai résisté à leurs persécutions « que par les respects et les souffrances qui sont « les seules armes dont je me sers contre leurs « violences, puisqu'ils se couvrent de votre auto- « rité que je révère mille fois plus en effet qu'ils « ne font en apparence. J'espère de votre bonté, « Sire, que malgré leurs artifices, vous agréerez « qu'en abandonnant tout le reste, je conserve au « moins mon honneur qui m'est incomparablement « plus cher que la vie, et j'attends de votre justice, « qu'après que vous aurez reconnu la sincérité de « mes intentions et la fidélité de mes services, « Votre Majesté me donnera la place qu'on m'a « voulu faire perdre en l'honneur de ses bonnes « grâces, laquelle je m'efforcerai toujours de mé- « riter par les plus passionnés devoirs que je « vous puisse rendre. »

Le courtisan qui, principalement, avait contribué à desservir d'Ornano dans l'esprit de Louis XIII était La Viéville, alors tout-puissant sur le faible monarque. Le grand grief qu'il faisait valoir contre le colonel, était le désir suggéré à Gaston d'être admis dans les conseils du Roi, désir dont il attribuait la pensée au gouverneur du prince. *Monsieur* avait alors seize ans, la Reine n'avait pas donné d'héritier au trône, il était assez simple qu'un sujet fidèle crût utile de faire initier au gouvernement celui qui, d'un moment à l'autre, pouvait être appelé, par les événements, à tenir les rênes de l'État. On fit un crime à d'Ornano d'avoir engagé son élève à émettre cette prétention, et il vit s'ouvrir pour lui les portes de la Bastille, la roche Tarpéïenne de la faveur de Cour.

XIII

Cependant Gaston, passionné, porté à la débauche, n'ayant plus pour le maintenir un homme qui avait su prendre un grand ascendant sur lui, se jeta dans tous les débordements d'une jeunesse qui n'a pas de frein. On s'aperçut qu'on avait fait fausse route en lui enlevant son Mentor. La Reine-mère elle-même disait à ce sujet, quelque temps avant la disgrâce d'Ornano : « Si, quand on a mis « le colonel près de mon fils, l'on m'eût demandé « mon conseil, je ne l'aurais jamais donné en sa « faveur; mais à présent qu'il y fait un si bon de- « voir, si on parlait de l'ôter, je m'y opposerais. »

D'Ornano avait été transféré au château de Caen, et, malgré la conduite de son élève, quoi qu'on sentît combien il serait utile de le replacer auprès du Prince, il est probable que le loyal soldat eût été longtemps encore sous les verroux, si un de ces brusques revirements, comme on en voit tant dans les Cours, n'était venu le tirer de sa prison. Son ennemi, La Viéville, perdit à son tour tour faveur et liberté. On l'enferma à la Bastille. Monsieur profita habilement de la circonstance, soutenu en dessous par Richelieu, qui commençait à devenir ministre influent et qui voulait s'attacher un homme aussi éminent que d'Ornano; il réclama son gouverneur avec une énergie bientôt couronnée de succès. On le lui rendit ; il le nomma son premier gentilhomme de la chambre, surintendant-général de sa maison, le combla de caresses et alla même jusqu'à demander pour lui le bâton de maréchal.

Le Roi, cédant à toutes les exigences de son frère, conféra la dignité du maréchalat à d'Ornano, le 7 avril 1626. Cette dignité, Henri IV l'eût accordée aux beaux services militaires du colonel des Corses. Louis XIII la lui donna surtout en raison de sa haute position à la cour.

La faveur semblait fixée auprès du nouveau maréchal, tandis que, par le fait, elle jetait sur la vie de cet homme de bien un dernier reflet, une dernière lueur.

Peu courtisan, quoique depuis la mort de Henri IV il vécût au milieu d'une Cour pleine d'intrigue, d'Ornano ne voulut pas suivre le conseil qu'on lui donna d'aller remercier Richelieu, en se disant son obligé. — « Que voulez-vous « donc, répondit-il brusquement, que devienne « l'obligation que j'ai au Roi et à mon maître? Je « me croirais le plus indigne du monde si je la « divisais. — Je renonce de bon cœur à la for- « tune, si je la dois tenir autrement. Je servirai « le Roi, je servirai mon maître ; mais je ne bai- « serai jamais la main qui m'a frappé. »

Ces belles et nobles paroles furent bien vite rapportées au véritable souverain du royaume, le Cardinal-ministre. Elles devaient être pour d'Ornano un arrêt de mort. Richelieu, qui n'avait ouvert les portes de la prison au Maréchal que pour s'en faire une créature, voyant qu'il ne pourrait ramener à lui un homme d'une aussi grande inflexibilité de principes, résolut sa perte. Le grand Ministre de Louis XIII n'avait pas hésité à méconnaître la main de celle qui l'avait élevé au faîte des honneurs, il n'avait pas reculé devant le meurtre juridique de deux frères innocents, les Marillac; ni la jeunesse de Cinq-Mars, ni la reconnaissance qui devait l'attacher à Marie de Médicis, n'avaient pu l'arrêter dans l'accomplissement de ses vastes projets. Il lui fallait des dévouements sans borne. Il voulait qu'on mît à son service les plus belles facultés et qu'on le considérât comme le maître souverain dans l'État.

Usant son existence à faire de la France un royaume fort et homogène, décidé à tout pour arriver à ce grand but, même à sacrifier les têtes les plus haut placées et les plus nobles, il n'hésita pas à condamner sans appel le maréchal d'Ornano.

Le maréchal, d'ailleurs, avait l'âme trop fière, l'esprit trop hautain, pour consentir jamais à reconnaître d'autre maître que le Roi et son frère, le duc d'Anjou. Avec de l'adresse, il n'était pas difficile d'amener d'Ornano à l'une de ces fausses démarches auxquelles on peut donner une couleur fâcheuse. C'est ce qui arriva. On conseilla au gouverneur de Monsieur de demander pour son élève le commandement des armées, d'insister auprès de Louis XIII pour que son jeune frère commençât à être immiscé dans les affaires de son gouvernement.

Le Roi, travaillé en dessous, mis en garde contre l'affection de Monsieur pour son mentor, persuadé que d'Ornano conspirait contre lui, ne pouvant admettre qu'un homme dans la position du maréchal vécut pûr et en dehors de l'intrigue, le fit arrêter de nouveau, le 3 mai 1626, à l'instigation de Richelieu.

Le ministre voulait marier le frère du Roi à mademoiselle de Montpensier, de la maison de Guise, la plus riche héritière du royaume, et ce projet rencontrait, de la part des seigneurs qui entouraient Gaston, une opposition très-forte, parce qu'ils prétendaient unir ce prince à une princesse étrangère, qui pût lui offrir un appui extérieur. Le cardinal accusa d'Ornano d'être un des principaux opposants, il prétendit qu'il s'entendait avec le comte de Soissons et le Grand-Prieur de Vendôme, servant d'intermédiaire entre ces personnages et la Reine-mère. Le Roi crut facilement tout ce qu'on lui dit, le maréchal fut conduit au château de Vincennes. On donna ses charges, ses dignités, et le 2 septembre suivant, tandis que les feux de joie allumés pour le mariage de Gaston d'Orléans, qui avait bien vite oublié son loyal gouverneur, éclairaient la vieille capitale de la France, d'Ornano rendait le dernier soupir dans son donjon, à l'âge de 45 ans. Calme jusqu'au dernier moment, il mourait empoisonné, selon toute apparence, par les ordres de l'implacable ministre. Sa vertueuse femme, exilée à La Ferté-Bernard, n'avait pu lui fermer les yeux.

Quelques heures avant sa mort et voyant sa fin approcher, le maréchal pria son confesseur de dire au Roi : que sur la part qu'il prétendait au paradis, il mourait innocent de toutes les accusations qu'on faisait contre lui, sans s'être jamais départi de la fidélité qu'il devait à Sa Majesté, comme son très-humble sujet et serviteur.

Ses restes mortels furent portés à Aubenas-en-

Vivarais, dont il était seigneur. Le corps avait été quelque temps déposé dans l'église de Villeneuve-Saint-Georges, et lorsqu'on l'enleva, on trouva sous le drap mortuaire les vers suivants :

J'eusse esté bien heureux en imitant
mon père,
Si je n'eusse rendu service qu'à mon Roy,
Car depuis le moment que je fus à son
frère,
L'envie et les malheurs triomphèrent
de moy.
Ce n'est pas, toutefois, que mon honoré
maistre,
En tout ce qu'il a pu ne m'ait bien fait
paroistre,
Ses bonnes volôtez en ma double prison ;
Mais ceux qui m'ont hay d'une invinci-
ble rage,
A la mère et au fils m'ayant mis en
ombrage,
Me donnèrent la mort avecque le poison.

Le maréchal ne laissa pas de postérité. Sa branche s'éteignit dans la personne de sa nièce, Anne d'Ornano, mariée au prince François de Lorraine, comte d'Harcourt et de Rieux, fils de Charles II, duc de Lorraine-Elbeuf, pair de France, et de Catherine-Henriette, légitimée de France, fille du roi Henri IV et de Gabrielle d'Estrée, duchesse de Beaufort et sœur du fameux duc de Vendôme.

XIV

LE MARÉCHAL PHILIPPE D'ORNANO.

Sampierro avait été un soldat intrépide et un audacieux chef de bande, Alphonse d'Ornano un habile et brave capitaine, Jean-Baptiste d'Ornano, son fils, un homme politique qui fût devenu un grand ministre, s'il n'eût eu pour adversaire Richelieu lequel ne souffrait pas de rival, le dernier maréchal d'Ornano, aujourd'hui gouverneur des Invalides, est un des plus brillants officiers de cavalerie de la brillante pléïade du premier empire.

Après avoir fait ses premières armes dans la campagne de Marengo, après avoir suivi le grand capitaine sur tous les champs de bataille de l'Europe, le maréchal d'Ornano actuel, le plus ancien des généraux de l'Europe, a eu le bonheur de vivre assez, pour voir relevé par le neveu de Napoléon, le drapeau impérial à la défense duquel il a voué sa glorieuse existence.

Dans cette existence, comme dans celle des deux premiers maréchaux de son nom, on trouve d'incroyables faits de guerre et de bizarres aventures. On dirait que la Providence a réservé à cette famille le monopole des choses extraordinaires, inouïes, et que l'on révoquerait en doute si elles n'étaient aussi complétement avérées.

Philippe-Antoine d'Ornano, troisième fils de Louis d'Ornano et d'Isabelle Bonaparte, est né à Ajaccio, le 17 janvier 1784. Sa mère étant cousine-germaine de Charles Bonaparte, père de l'Empereur Napoléon Ier, il se trouva être lui-même cousin issu de germain du grand homme qui, pendant vingt ans, domina le monde. Il descend de cette branche des d'Ornano dont l'une des filles, la vertueuse et infortunée Vanina, avait épousé le fameux Sampierro.

Avant d'avoir atteint l'âge de seize ans (le 21 mars 1799), Philippe d'Ornano entra au service comme sous-lieutenant au 9e de dragons. Il débuta par la campagne de 1800, qu'il fit en Italie avec son régiment. Après la bataille de Marengo, le 9e de dragons fut placé à la division de cavalerie du général Beaumont et continua la campagne ; d'Ornano prit donc part à la bataille de Pozzolo et à la poursuite de l'armée autrichienne sur l'Adige. Il revint en France après la paix de Lunéville. Son régiment eut Paris pour garnison. D'Ornano apprit bientôt qu'on préparait une expédition lointaine et aventureuse, celle de Saint-Domingue. Leclerc, beau-frère du Premier Consul en avait la direction; jeune et plein d'ardeur, d'Ornano sollicita du général, dont il était connu, la faveur d'être détaché de son régiment pendant cette campagne. Leclerc le demanda à son état-major, et l'obtint de Bonaparte.

Le sous-lieutenant, embarqué à Brest à la fin de 1801, arriva en Amérique en février 1802. Il assista aux terribles luttes contre les Noirs. Le 30 juin 1802, Leclerc le prit auprès de sa personne en qualité d'aide de camp, et après le traité avec les généraux ennemis, il l'envoya porter en France, au Premier Consul, des dépêches dans lesquelles il rendait compte des opérations et demandait des fonds dont on commençait à manquer.

Le jeune aide de camp, nommé lieutenant en avril 1802, prit passage sur une frégate française et remplit sa mission. La fièvre jaune faisait des ravages aux colonies et éclaircissait les rangs de l'armée de Saint-Domingue. (1) On n'allait

(1) Lors de l'incendie de Saint-Domingue, d'Ornano était logé, avec sept autres officiers d'état-major de ses camarades, au palais du gouverneur. Ils eurent, quoique tous fort jeunes, l'idée de se déclarer héritiers les uns des autres. Trois mois après, l'aide de camp de Leclerc était le possesseur des sept porte-manteaux de ses malheureux compagnons de guerre et de plaisirs.

plus guère aux Antilles que pour accomplir un devoir. Cependant Bonaparte ayant demandé à d'Ornano s'il voulait reprendre son service au 9e de dragons, l'intrépide officier sollicita comme une faveur de retourner près du général Leclerc. Cette demande fit sur le Premier Consul la plus vive et la meilleure impression. Le jeune homme reçut ces dépêches, les fonds qu'on envoyait à Saint-Domingue, et s'embarqua de nouveau. Lorsqu'il arriva dans la colonie, il apprit la fin malheureuse du général qu'il aimait tant. Leclerc avait succombé au fléau, le 2 novembre 1802. Son corps, que sa jeune femme n'avait pas voulu laisser en Amérique, placé à bord du vaisseau de guerre *le Schwitzure* (capitaine Hubert), était en route pour la France, où il débarqua le 1er janvier 1803.

Après avoir remis ses dépêches et les fonds qu'il apportait, au général Rochambeau, successeur de Leclerc, d'Ornano, sans position à Saint-Domingue et nommé capitaine par le nouveau général en chef qui accomplissait la promesse faite par son prédécesseur, d'Ornano, disons-nous, s'embarqua pour la quatrième fois et revint à Paris. Le 9e de dragons s'y trouvait encore. Il y rentra comme capitaine adjudant-major.

Bientôt Berthier, ministre de la guerre, distingua le jeune capitaine et l'attacha à sa personne.

D'Ornano resta près de lui de février 1803 à mars 1804. En avril 1805, au camp de Boulogne, Bonaparte donna l'ordre de le placer à la division Legrand, du quatrième corps (maréchal Soult), comme chef du bataillon corse.

Ainsi donc, à deux siècles d'intervalle, on retrouvait un d'Ornano à la tête des Corses.

C'est avec ce bataillon que le commandant, devenu de cavalier fantassin, allait faire, à l'âge de vingt ans, officier supérieur et chef de corps, la brillante campagne d'Ulm et d'Austerlitz. Il avait été compris comme chevalier dans la première promotion de la Légion d'honneur. Il partit du camp de Boulogne avec son bataillon de tirailleurs, qui formait l'avant-garde de la division Legrand, traversa l'Allemagne en prenant part aux divers combats que le corps de Soult soutint avec tant de gloire, puis il arriva, de victoire en victoire, d'Ulm à Vienne et de Vienne à Austerlitz.

Il eut le bonheur de jouer un rôle glorieux à la grande bataille, avec ses Corses. La veille, dans la nuit du 4 au 5 décembre, le bataillon avait été placé à la brigade d'extrême avant-garde du quatrième corps, établi par le maréchal Soult aux défilés de Telnitz pour défendre le village de ce nom. Dès la pointe du jour, cette position fut attaquée avec fureur par les Russes. D'Ornano résista avec la plus rare intrépidité. Au milieu du jour, on le fit passer en avant de Sokolnitz, en réserve de la division Saint-Hilaire, et lorsque le quatrième corps tout entier prit à son tour l'offensive, il enleva, à la tête de son bataillon, une batterie de quatre pièces.

« Le bataillon des tirailleurs corses, commandé « par le chef de bataillon d'Ornano, dit le ma- « réchal Soult dans son rapport sur Austerlitz, a « rivalisé de bravoure avec les corps les plus « aguerris de l'armée (1). »

Ce rapport du maréchal était du 25 *décembre*, et, le 26, le commandant d'Ornano, proposé pour la croix d'officier de la Légion d'honneur, recevait, quoique bien jeune, cette récompense que l'Empereur ne prodiguait pas.

Le lendemain d'Austerlitz, le bataillon corse eut ordre de se mettre à la poursuite des Russes. L'armistice signé et la paix de Presbourg faite, le quatrième corps prit ses cantonnements sur l'Inn, autour de Passau. C'est là que le commandant passa les quelques mois qui séparent la campagne d'Autriche de celle de Prusse. Le 14 octobre 1806, d'Ornano était avec sa division à la bataille d'Iéna.

(1) Rapport du maréchal Soult à l'Empereur, sur la bataille d'Austerlitz. (Dépôt de la guerre.)

Le jour suivant, son bataillon formait la tête de colonne du quatrième corps, lancé sur Magdebourg et Lubeck à la poursuite des débris de l'armée prussienne. Le 17 octobre, la division Legrand avait un beau succès à Nordhausen et enlevait trois pièces de canon, les Corses prenaient part à ce fait d'armes. Le 23, ils étaient chargés de refouler dans Magdebourg les postes avancés de l'ennemi, et le maréchal Soult écrivait à l'Empereur, à ce sujet :

« Le bataillon des tirailleurs corses et celui des
« tirailleurs du Pô montrèrent dans cette circons-
« tance une grande ardeur, et poussèrent leurs
« voltigeurs jusqu'aux palissades de la place (1). »

Mais c'était quelques jours plus tard, le 6 novembre, à Lubeck, que le bataillon du jeune et brillant d'Ornano devait se couvrir de gloire. La division Legrand arrive la première devant cette importante place, dans laquelle s'est enfermé ce qui reste valide de l'armée de Frédéric. Le corps de Soult et celui de Bernadotte font leurs dispositions pour enlever de vive force la ville. La brigade d'avant-garde de Legrand ne laisse pas achever les préparatifs d'attaque. Les deux intrépides

(1) Rapport de Soult à l'Empereur sur les opérations après Iéna. (Dépôt de la guerre.)

bataillons, Corse et du Pô, guidés par d'Ornano et Hulot, et soutenus par le 26e d'infanterie légère du colonel Pouget, s'élancent au pas de charge. Une des portes est enfoncée, les soldats gravissent les remparts, tombent à coups de baïonnette sur l'ennemi, en font un effroyable carnage, s'emparent de tous les canons, et se répandent dans les rues en passant par dessus des monceaux de cadavres.

« Le général Legrand, écrit le maréchal Soult, fait le plus grand éloge du colonel Pouget ainsi que des chefs de bataillon d'Ornano et Hulot (1). »

On lit dans le 29e bulletin de la Grande-Armée :

« Les chasseurs corses, les tirailleurs du Pô et le 26e d'infanterie légère, composant la brigade d'avant-garde de la division du général Legrand, marchèrent avec la rapidité de l'éclair. Redoutes, bastions, fosses, tout est franchi, et le corps du maréchal Soult entre par la porte de Mullen, etc. »

(1) Rapport de Soult à l'Empereur sur les opérations après Iéna. (Dépôt de la guerre.)

XV

Ces divers combats, ces glorieuses citations valurent à d'Ornano le grade de colonel. L'Empereur lui destinait le 10e régiment d'infanterie légère, qui passait pour un des plus braves de l'armée; mais le jeune chef de corps ayant manifesté le désir de redevenir cavalier, ce qui convenait mieux à sa bouillante ardeur, on le nomma au 25e de dragons, qu'il rejoignit à la fin de janvier devant Villemberg.

Le 25e de dragons était alors de brigade avec le 15e de même arme, sous les ordres du général Vialanes. Il faisait partie de la division Becker, détachée de la réserve de Murat au 3e corps (Davout), et qui passa quelques jours après au 5e corps (Lannes), dont Savary vint prendre le commandement en l'absence du maréchal.

D'Ornano à peine arrivé, fut envoyé en reconnaissance avec son régiment et un bataillon d'infanterie légère. On avait quelques soupçons d'une reprise d'hostilité par les Russes; cependant, on ne croyait pas l'ennemi si près. Entouré tout à coup par huit à dix mille cosaques de l'hetman Platow, le jeune colonel eut besoin de toute sa vigueur, de toute sa détermination, pour se frayer un passage à coups de sabre au travers de cette nuée de cavaliers. Quelques jours plus tard, le 16 février, le 5e corps livrait la bataille d'Ostrolinka.

La division Becker, commandée par le général Boussard, ayant en tête le brave général Oudinot, fournissait une charge des plus brillantes et contribuait puissamment à cette victoire remportée sur le général russe Essen.

Les dragons de d'Ornano furent, jusqu'à la fin de la campagne de Pologne, détachés au 5e corps. Après la paix de Tilsitt, on les envoya en cantonnement dans la Silésie, où ils restèrent jusqu'en décembre 1808. Ils reçurent alors l'ordre de se rendre en Espagne. Le colonel ne fit que traverser la France. Il était assez d'usage à cette époque que les soldats français vécussent beaucoup plus à l'étranger que sur leur propre territoire. D'Ornano obtint un congé de dix jours et vint à Paris. Ce fut à peu près tout le temps qu'il passa dans cette ville de 1804 à 1814.

Les Pyrénées franchies, les 15e et 25e de dragons, toujours de brigade ensemble, furent mis sous les ordres du général Fournier-Sarlovèze, à la division Lorge, de la réserve de Bessières, puis détachés au 2e corps (Soult), avec lequel ils firent la glorieuse expédition de la Corogne contre les

Anglais. Ils vinrent ensuite, en avril 1809, au 6e corps (Ney) et furent cantonnés à Lugo. Le 13 mai, le maréchal marcha sur les Asturies avec douze bataillons et trois régiments de cavalerie, dont les dragons d'Ornano. Le jeune colonel entra à Oviédo. Quelques jours plus tard, le duc d'Elchingen regagna la Galicie en suivant la côte, pour tendre la main à l'armée de Soult, revenant désorganisée du Portugal. Le petit corps expéditionnaire eut à franchir plusieurs cours d'eau ; le 26 juin, un fort parti de l'armée espagnole essaya de défendre le passage de la Navia. D'Ornano, qui se trouvait avec son régiment en tête de colonne, s'élançant à la charge, enleva brillamment la position.

Les 2e, 5e et 6e corps, ayant été mis sous les ordres du maréchal Soult, descendirent vers le Sud pour marcher contre l'armée anglo-espagnole.

Bientôt après, Ney laissa son commandement au général Marchand, qui, le 18 octobre, engagea contre l'armée du duc Del Parque l'affaire malheureuse de Tamamès (1). Le 25e de dragons, en réserve à la colonne de gauche, rendit au moment de la retraite les plus grands services à cette colonne en exécutant plusieurs charges vigoureuses

(1) Note H.

pour soutenir et dégager l'infanterie du général Labasset.

Le 6e corps reçut quelques jours après, pour commandant provisoire, Kellermann. Le 28 novembre, ce général était à la poursuite du duc Del Parque, dans la direction d'Alba de Tormès. Craignant de ne pouvoir joindre l'ennemi, il précédait avec sa cavalerie le reste de ses troupes, lorsqu'il se trouva tout à coup en vue des Espagnols. Sans hésiter et sans attendre même son canon, il ordonne la charge.

Voici sur cette brillante affaire son rapport au major-général :

« 28 Novembre 1809.

« Monsieur le Maréchal, le duc del Parque n'ayant pas osé recevoir le combat à Carpio et s'étant déterminé à la retraite, il l'effectua très-précipitamment dans la nuit du 26 au 27.

« Les dispositions d'attaque étaient ordonnées lorsque l'on fut instruit de son mouvement.

« L'armée se mit immédiatement à sa suite, et l'infanterie se porta le même jour, partie à Fresne et partie à Canta-la-Piedra; la cavalerie à la Pobeda, sur la route de Salamanque.

Dès le 28, à quatre heures du matin, chaque colonne se mit en mouvement de ses différentes positions : la cavalerie légère en tête, puis la 2e division de dragons et l'infanterie du 6e corps.

« A Vittoria, on eut la certitude que l'ennemi avait pris la direction d'Alba de Tormès. Cependant, on désespérait de l'atteindre : il avait douze à quinze lieues sur l'armée, et il touchait à ses montagnes. Mais la fortune nous réservait une belle occasion et un succès décisif.

« A midi, le général Lorcet, avec quatre cents chevaux des 3e hussards et 15e chasseurs, prit les devants, suivi, à une heure de distance, par les dragons et M. le général Marchand, commandant le 6e corps.

« En arrivant sur l'Almar, le général Lorcet rencontra les postes ennemis et les rejeta jusque sur la ville. Toute l'armée se trouvait encore là, partie sur la gauche du Tormès, partie avec la totalité de la cavalerie, sur la rive droite.

« A trois heures, les dragons débouchèrent, et l'ennemi, surpris de notre célérité, ne pouvant plus fuir, fut obligé d'accepter le combat et de faire repasser des troupes sur la rive droite. Au moment où la cavalerie arrivait sur l'Almar, on vit les colonnes de l'ennemi et son artillerie se former sur les hauteurs qui couronnent la ville d'Alba, tandis que deux divisions de son armée restèrent en observation sur la rive gauche.

« Le général Lorcet, trop faible, céda quelque

peu de terrain; l'ennemi en prit de la confiance et s'avançait déjà avec ses tirailleurs d'infanterie et de cavalerie, sur les revers de l'Almar.

« La 2e division de dragons, augmentée des 15e et 25e dragons, formant un total de dix-huit cents chevaux et quatre pièces d'artillerie légère, se trouva en mesure à quatre heures. Elle reçut ordre de se diriger, à la faveur d'un rideau qui couvrait sa marche, sur les plateaux par lesquels l'ennemi s'avançait. La 1re brigade, composée des 3e et 6e régiments de dragons, aux ordres du général Millet, étant formée, parut inopinément sur les hauteurs avec deux pièces.

« Après quelques coups de canon, soixante chasseurs hanovriens s'élancèrent en tirailleurs sur ceux de l'ennemi, tandis que le général Millet s'avançait en bataille.

« Aussitôt que le général Lorcet fut à hauteur de la gauche de l'ennemi, une charge générale de ces deux brigades fut ordonnée. Elle fut exécutée avec une telle vigueur et une telle promptitude, qu'en un instant les lignes ennemies furent enfoncées, malgré une grêle de mitraille et de coups de fusil. La cavalerie prit la fuite sans échanger un coup de sabre, et repassa la rivière en partie. L'infanterie fut taillée en pièces et cinq pièces d'artillerie enlevées.

« Il restait une seconde ligne d'infanterie. Dans

le désordre où la victoire même avait mis notre première ligne de cavalerie, elle ne put continuer sa charge et se replia au pas, tuant, chemin faisant, tout ce qu'elle avait d'abord dépassé. Elle alla se reformer derrière les brigades du général Carrié et du colonel Ornano qui s'avançaient.

« Les 15e et 25e dragons furent disposés en colonne sur les flancs, pour charger la cavalerie qui était revenue à l'appui de son infanterie. Cette charge, qui avait pour objet de déborder la deuxième ligne d'infanterie, eut le même succès que la précédente. La cavalerie ennemie prit lâchement la fuite, pour ne plus reparaître. Le colonel Ornano, à la tête du 25e dragons, enleva quatre pièces d'artillerie. Dès lors il n'y eut plus un coup de canon de tiré, et le 25e de dragons, se trouvant sur les derrières de la ligne ennemie, elle eut cependant le temps de se retirer sur une hauteur d'un accès difficile, d'y former un carré de trois ou quatre mille hommes; mais la nuit s'avançait rapidement et allait nous enlever notre proie.

« Officier sur officier partait pour appeler l'artillerie légère qui se trouvait assez éloignée, et, en attendant, le carré fut sommé de se rendre. Mais on ne put en approcher ni lui faire de propositions, attendu que cette espèce de troupe respecte peu les usages des nations et le caractère des parlementaires. Cependant, la nuit tombait; point d'artillerie ni d'infanterie; l'ennemi allait nous échapper à travers les ravins qui bordaient sa gauche. On simula une charge pour l'intimider à se rendre. Cette démonstration n'ayant rien produit, la ligne revint sur les derrières du carré, pour le tenir en échec, tandis que la 1re brigade de dragons la serrait de front.

« M. le général Marchand hâtait la marche de son infanterie; elle arrivait à la course, mais elle avait une montagne pierreuse à franchir. Elle avait fait huit lieues de pays; elle était en marche depuis quatre heures du matin, et il était cinq heures du soir. Enfin, la 1re brigade, commandée par le général Maucune, officier intrépide, arriva à deux cents toises du carré, en même temps que l'artillerie. Il était nuit; à peine ceux qui connaissaient la position apercevaient-ils l'ennemi de bas en haut.

« Le général Maucune fut placé sur la direction, et, malgré l'obscurité, reçut ordre d'enlever le carré et d'entrer dans la ville. Cette brave infanterie ne balança pas un instant; pendant qu'elle marchait, quinze à vingt coups de canon furent dirigés sur le carré. Au premier coup, les vedettes des dragons le virent se rompre et se précipiter dans les ravins, les soldats jetant leurs armes et leurs effets pour s'échapper plus promptement. Il était impossible à la cavalerie de suivre les fuyards. Le général Maucune trouvant le plateau abandonné, suivit la colonne au bruit confus des voix; il arriva presque en même temps qu'elle à la ville. Il y entra résolument, tomba sur la queue des fuyards, sans tirer un coup de fusil, égorgea deux cents hommes à coups de baïonnette, se rendit maître du port et enleva deux obusiers.

« La nuit était si obscure qu'il fut impossible de faire aucun mouvement ultérieur. Chaque corps marcha sur le point où il se trouvait. En peu d'instants on vit tous les feux de l'ennemi s'éteindre sur la gauche du Tormès. Tout prit la fuite dans le plus épouvantable désordre, sur toutes les directions, cherchant son salut dans les bois et les montagnes voisines.

« A l'exception de la brigade Maucune, l'infanterie n'a point eu occasion de donner, et l'affaire a été principalement décidée par la cavalerie. Elle peut être regardée comme décisive, et l'armée ennemie, vaincue et dispersée, est hors d'état de se réorganiser et de se représenter de longtemps.

« Dans cette journée, la cavalerie espagnole s'est couverte de honte; mais Mendizabal, qui, dit-on, commandait le carré, a conservé l'honneur de l'infanterie. Sans doute, il n'a dû son salut qu'aux ténèbres qui ont caché sa fuite, à l'éloignement de l'infanterie, de l'artillerie ; mais, après l'épouvantable carnage des siens, dont il a été témoin, il est beau d'avoir su prolonger la résistance pendant un quart d'heure, et d'avoir pu gagner la nuit. Quelle qu'ait été ensuite la précipitation et le désordre de sa fuite, cette action lui a mérité le suffrage d'une armée brave et qui sait apprécier le courage, même dans ses ennemis.

« Ce combat, par sa vigueur même et par les résultats qu'il peut avoir, est une des affaires qui honorent le plus la cavalerie française.

« Douze pièces de canon.

« Cinq drapeaux enlevés l'épée à la main.

« Un général tué.

« Plusieurs colonels et plus de cent officiers tués.

« Trois mille morts restés sur le champ de bataille ou dans la poursuite.

« Cinq mille fusils pris et brisés, sont les trophées de cette victoire.

« Il y a peu de prisonniers, les rapports jusqu'à présent n'en donnent que six cents à peu près, dont un colonel d'artillerie et quinze officiers.

« Parmi les morts, nous avons à regretter le jeune Ornano, moissonné à l'âge de dix-sept ans. Il marchait dignement sur les traces de son frère, colonel du 25e régiment de dragons, officier d'un mérite et d'une bravoure distingués. Ce jeune homme, aussi confiant et généreux que brave, arrivé sur une pièce de canon, fut assassiné par un canonnier, tandis qu'il en sauvait un autre de la fureur des dragons. »

Ainsi, ce jour glorieux pour le chef de corps avait été un jour de douleur pour le frère. D'Ornano avait vu tomber un jeune homme brave, généreux, plein d'avenir, que lui-même avait fait entrer dans son régiment comme simple dragon, et qui, à l'armée depuis deux ans, avait conquis, par son courage, le grade d'adjudant sous-officier.

En mai 1810, la brigade de dragons (15e et 25e) fut envoyée à la division de réserve, cavalerie (Montbrun), de la nouvelle armée du Portugal, composée des 2e, 6e et 8e corps, aux ordres de Masséna. Le colonel d'Ornano fit donc la troisième campagne contre Lisbonne, campagne inaugurée par la bataille de Busaco, et fatalement arrêtée devant les lignes de Torrès-Vedras. Longtemps cantonné près de Santarem, il remplaça, à partir de février 1811, le général Gardanne, et se trouva, comme commandant de brigade, le 5 mai 1811, à la bataille de Fuentès de Onoro.

Cette bataille eût pu devenir fatale aux Anglais, si on avait su mettre à profit les charges magnifiques de la division Montbrun et de la brigade de cavalerie légère Fournier-Sarlovèze. Le général Montbrun, qui connaissait la vigueur d'action du colonel d'Ornano, avait réuni et mis spécialement sous ses ordres, pour cette bataille, les six compagnies d'élite des six régiments de dragons alors à l'armée du Portugal. A la tête de ces six cents chevaux et de ses dragons, d'Ornano prolongeant et achevant la brillante charge de la brigade Fournier, sabra l'infanterie anglaise et prépara une victoire qu'on ne sut malheureusement pas achever, en tenant maladroitement en réserve la cavalerie de la garde. Ce beau fait d'armes valut néanmoins à d'Ornano le grade de général de brigade, pour lequel il fut proposé en récompense de sa bravoure, et que l'Empereur lui accorda par décret du 11 juin 1811.

XVI

D'Ornano resta en Espagne jusqu'au commencement de 1812, comme commandant la 2e brigade de la division Montbrun (11e et 25e dragons). Mais lorsque Napoléon organisa l'immense armée qu'il voulait mener contre la Russie et envoya l'ordre à son frère Joseph de faire repasser les Pyrénées à sa garde et à bon nombre de ses meilleurs officiers, le jeune général fut désigné nominativement. Il rejoignit les troupes à Glogau, quelques mois avant le commencement d'une campagne dans laquelle il était appelé à donner de nouvelles preuves d'intrépidité et à devenir le héros d'aventures extraordinaires.

L'Empereur plaça d'abord d'Ornano au 2e corps de la réserve de cavalerie, et mit sous ses ordres trois régiments étrangers, le 1er de chasseurs polonais, 3e wurtembergeois et 3e de hussards prussiens.

Le 13 juin, Napoléon ayant donné une dernière organisation à la Grande-Armée, voulut nommer le jeune général major des dragons de la garde impériale. D'Ornano refusa cette faveur, préférant un commandement. L'Empereur le mit alors à la disposition du roi de Naples, en lui faisant connaître qu'il servirait d'intermédiaire entre lui et le commandant en chef des réserves de la cavalerie.

Le 24 juin, d'Ornano franchit le Niémen; le 25 juillet, il se trouvait à l'affaire d'Ostrowno. Il se mit à la tête de quelques régiments, conduisit en personne plusieurs charges brillantes, et mérita d'être cité par Murat d'abord, puis au 10e Bulletin, par Napoléon (1).

(1) Le roi de Naples fait un éloge particulier des généraux Bruyère, Piré et Ornano. (10e *bulletin.*)

Vingt jours après cette affaire d'Ostrowno, le 15 août, à Krasnoë, la cavalerie du roi de Naples attaqua une belle division de la garde impériale russe, qui se forma en carré; le général d'Ornano chargea cette infanterie avec son intrépidité accoutumée et contribua à la mettre en désordre.

En récompense de sa conduite dans cette nouvelle et vigoureuse affaire, il fut promu général de division et envoyé au 4e corps (prince Eugène), pour y commander la division de cavalerie légère (9e et 19e de chasseurs bavarois, et 2e et 3e de chasseurs italiens). Il arriva au 4e corps, ainsi que le constatent les états de situation du chef d'état-major (général Guilleminot), le 6 septembre, veille de la bataille de la Moskowa (1).

La fortune, qui semblait s'efforcer de fournir à d'Ornano les moyens de déployer son brillant courage, lui ménagea, pendant cette bataille, une occasion que le jeune général ne laissa pas échapper.

Voici ce qu'on lit dans le huitième volume des *Mémoires du Prince Eugène :*

(1) Longtemps on a fait dater, sur l'*Annuaire*, la nomination du maréchal d'Ornano au grade de général de division, du 8 septembre 1812, lendemain de la Moskowa ; c'est une erreur ; il existe encore, au dépôt de la guerre, un état de situation du 4e corps, sur lequel on trouve : « Le 6 septembre, le général *de division* d'Ornano est arrivé au corps d'armée pour y commander la cavalerie légère. »

« Le Prince allait faire un grand effort et enle-
« ver la redoute, ainsi qu'il en avait l'ordre, quand
« tout à coup une sorte de rumeur se produit sur
« son extrême gauche. Voici ce qui se passait de
« ce côté : Kutusow, voyant l'action vigoureuse-
« ment engagée à sa gauche et à son centre, et
« voulant arrêter l'attaque du prince Eugène sur
« la grande redoute, clef du champ de bataille,
« essaya une diversion puissante à l'extrême gau-
« che de la ligne française, où se trouvaient les
« sept régiments de cavalerie légère du général
« Ornano. En conséquence, il prescrivit à huit
« régiments de cavalerie du 1er et du 2e corps
« russes, soutenus par trois ou quatre mille cosa-
« ques de Platow, de franchir la Kolocza et de
« déborder l'armée française. Trop faible pour
« résister à des forces aussi supérieures, Ornano
« se replia derrière le ruisseau, et le général Del-
« zons, qui se trouvait le plus rapproché de lui, fit
« immédiatement former le carré à sa seconde
« brigade, heureusement encore sur les hauteurs
« de Borodino. En même temps, Eugène, repas-
« sant vivement la Kolocza avec la garde ita-
« lienne, marcha à l'ennemi, dont il arrêta d'abord
« les progrès. Profitant de ce moment de répit, le
« général Ornano, qui avait rallié et reformé ses
« sept régiments, entama la charge à son tour,
« repoussa, culbuta toute cette cavalerie russe, et

« la ramena, le sabre dans les reins, jusqu'au delà « du ruisseau qu'elle avait si audacieusement « franchi. »

Cette circonstance eut une influence considérable sur l'ensemble de l'action ; car l'Empereur, qui déjà mettait en mouvement sa garde pour la faire donner et compléter la défaite des Russes, un instant inquiet de la diversion opérée à son extrême gauche par Platow, la retint en réserve.

Après avoir séjourné deux semaines à Moscou, d'Ornano fut envoyé à quatre lieues de cette ville, sur la route de Mojaïsk, avec sa cavalerie, pour s'opposer aux tentatives à chaque instant plus hardies des cosaques, pour protéger les convois et se lier avec le duc d'Istrie. On mit en outre, sous ses ordres, la division d'infanterie Broussier. Il établit son quartier-général au château du prince Galitzin, où il releva les dragons de la garde du général Saint-Sulpice. Pendant qu'il était dans cette position, couvrant Moscou, il fut assez heureux pour reprendre sur l'ennemi un convoi abandonné par une escorte de soldats italiens, qui, mourant de faim, s'étaient dispersés à la vue des cosaques.

Le 15 octobre, le prince Eugène, par ordre de l'Empereur et pour tromper l'ennemi, porta la cavalerie d'Ornano et la division Delzons vers le Nord, tandis que le reste du 4e corps se préparait à marcher vers le Sud, suivi de l'armée entière. Le 24 du même mois, ce Prince gagna, avec ses seules troupes, la bataille de Malo-Jaroslawetz, à laquelle la cavalerie ne prit qu'une part secondaire.

Alors commença cette fatale retraite qui coûta tant et de si cruelles pertes à la France. Les plus braves soldats du monde tombaient à chaque pas pour ne plus se relever. La nuit, les chevaux restaient morts aux bivouacs. Dans la seule journée du 8 novembre, le 4e corps dut abandonner la majeure partie de ses bagages, de ses canons et douze cents chevaux. Le 9, arrivé au bord du Vop, il trouva un torrent débordé qu'il dut franchir sans pont pour arriver à Doukhowtchina; le 16, le prince Eugène n'ayant plus que douze mille soldats, dont six mille encore armés, marchait sur Krasnoë pour y rallier la garde impériale. Au passage d'un ruisseau, il fut entouré de toutes parts par l'armée russe et sommé de se rendre. Pour toute réponse, il donna l'ordre d'attaquer.

D'Ornano, voulant essayer d'ouvrir de vive force un passage à l'infanterie, réunit les quelques cavaliers encore montés qui lui restaient de sa belle division et s'élance à leur tête sur l'ennemi. Un boulet le jette la face contre terre par dessus son cheval. On le croit mort, son corps est noir, il ne donne plus signe de vie. Le prince Eugène ordonne à l'un de ses aides de camp, le commandant Tascher, de le faire ensevelir sous la neige. Ce pieux devoir vient d'être accompli, lorsque l'aide de camp du général, le capitaine Delaberge, survient, déclare qu'il veut rapporter en France le corps de son chef, le retire de dessous la neige et le met en travers sur son cheval. Au moment où il s'éloigne avec son précieux fardeau, un nouveau boulet traverse le cheval, les jetant par terre l'un et l'autre sans les blesser. Le choc fait pousser un faible soupir au général. Delaberge appelle un chirurgien, on place d'Ornano sur une petite charrette échappée au désastre du Vop; mais bientôt la charrette ne peut franchir un défilé. Deux sous-officiers de dragons soutiennent alors le blessé en travers de leurs chevaux. On arrive ainsi au quartier impérial, que le quatrième corps avait pu rejoindre en trompant les Russes. On s'empresse de déposer d'Ornano dans une cabane. Napoléon, déjà instruit par Eugène de la mort de son plus jeune et de l'un de ses plus brillants généraux de cavalerie, avait exprimé hautement ses regrets de cette perte. Tout à coup on annonce à l'Empereur et au Vice-Roi que d'Ornano respire encore, qu'il vient d'arriver. Eugène déclare la chose impossible, disant qu'il l'a fait ensevelir sous la neige. Tascher est appelé, il confirme le fait, il a assisté à la courte cérémonie. On l'envoie aux informations, il accourt, il est stupéfait; il a bien reconnu vivant le général qu'il a fait inhumer la veille. Napoléon ordonne à Larrey de se rendre près de d'Ornano. Le chirurgien en chef affirme qu'en effet le général respire, mais qu'il n'en vaut guère mieux. Pour le transporter, il faudrait une voiture, et il n'en existe plus qu'une seule, le landau de l'Empereur. « Qu'on l'y place, reprend « Napoléon, j'irai à pied. » C'est ainsi que le général d'Ornano, presque tué, bien et dûment enseveli, ressuscité miraculeusement, sauvé grâce au dévouement de son aide de camp et à la bienveillance de l'Empereur, put, quelques mois après, à la campagne de 1813, se trouver à cheval à la tête d'une belle division de cavalerie de la garde impériale (1).

XVII

Le général d'Ornano, arrivé à Vilna, se trouva assez fort pour supporter un voyage en poste. Il

(1) Cette histoire, presque invraisemblable, est pourtant bien véridique. Depuis, le comte Tascher est mort, et, chose bizarre, le maréchal d'Ornano, enseveli par lui en Russie, tenait un coin du drap au service funèbre de l'ancien aide de camp du prince Eugène.

revint à Paris. L'Empereur le nomma colonel des dragons de sa garde et grand-cordon de l'ordre de la Réunion (1), double faveur qui récompensait d'éminents services.

Au mois d'avril, il quitta de nouveau la France pour prendre le commandement d'une partie de la cavalerie de la garde impériale, alors sous les ordres supérieurs du général Nansouty, et ayant à sa tête trois généraux de division, Lefebvre-Desnoëttes, Guyot et lui, et six généraux de brigade. D'Ornano commandait spécialement les dragons, les grenadiers à cheval et les gendarmes d'élite. Le 2 mai, il était en réserve à la bataille de Lutzen, le 20 mai, il combattait à Bautzen, le 21 à Wurschen. Il passa les deux mois de l'armistice (du 10 juin au 10 août 1813), à Dresde, et après quelques mouvements pour suivre l'Empereur, du 15 au 26 août, il revint à Dresde prendre une part des plus glorieuses aux batailles du 26 et du 27. Le 26, vers quatre heures du soir, il exécutait une charge heureuse sur les flancs de l'ennemi. Le 27, sa division était en seconde ligne près du sixième corps, à droite de la route de Dippoldiswalde, lorsque l'Empereur, mécontent de voir le retard que le général Walter semblait

(1) Il est aujourd'hui le seul personnage vivant ayant été décoré de ce grand-cordon, que l'Empereur accordait, au reste, très-difficilement.

mettre à opérer le passage de la Weisselitz pour appuyer Murat, engagé contre l'aile gauche de l'ennemi, envoya, par son aide de camp Lobau, l'ordre formel à d'Ornano de se porter à la tête de la division Walter et de charger. Le général, gagnant aussitôt le plateau de Plauen, exécuta de la façon la plus décisive ses instructions, contribuant ainsi au succès de cette journée. Le soir, sa division fut détachée momentanément au sixième corps (Marmont), pour poursuivre les alliés en pleine retraite. Le 28, vers la fin de la journée, d'Ornano eut un engagement assez vif près de Dippoldiswalde. Le 17 septembre, il soutint encore un beau combat contre la division Ziethen et le corps de Wittgenstein dans la plaine de Culm, enleva les villages de Dilitsch et de Jousdorf et s'empara d'une batterie autrichienne.

Le 16 octobre, à la bataille de Wachau (première journée de Leipzig), d'Ornano en réserve à Probstheyde, en arrière du centre de la Grande-Armée, ne fut pas engagé ; mais le 18, à quatre heures du soir, il chargea sur la gauche, lorsque ce côté du champ de bataille se trouva à découvert par suite de la trahison de l'armée saxonne. Il contribua avec la cavalerie de la garde à rejeter sur la Partha l'aile droite des alliés. Le 19, il fut assez heureux pour franchir le pont de l'Essler avant la catastrophe qui coûta la vie ou la liberté à tant de nos braves soldats. Le 30 du même mois d'octobre, pendant la retraite sur Erfurth, à la bataille de Hanau, la division d'Ornano s'étant déployée sur la droite, exécuta une charge à fond sur l'aile gauche de l'armée austro-bavaroise, culbuta, sabra et écrasa cette aile gauche. Le 2 novembre, le général, qui avait alors le commandement de la 1re division de la cavalerie de la garde, passa le Rhin et vint s'établir en cantonnement entre Mayence et Spire.

La bravoure, l'activité du jeune officier-général (il n'avait pas trente ans) avaient fixé l'attention de l'Empereur, qui lui destina dès lors un grand commandement (1). Afin de mettre d'Ornano à même de rendre au pays d'importants services, et aussi dans le but de laisser à son frère Joseph un homme sur le dévouement duquel on pût compter en toute circonstance, Napoléon, en partant, le 25 janvier 1814, pour rejoindre l'armée, donna au général le commandement en chef de toutes les troupes de la garde impériale alors à Paris, qui s'y rassemblaient, et qui, dans la pensée de l'Empereur, devaient former bientôt le noyau d'un corps de quarante mille hommes, destiné

(1) Ce fait ressort complétement des lettres écrites sous la dictée de Napoléon, par Drouot à d'Ornano, pendant toute la campagne de 1814, lettres que le maréchal a retrouvées, il y a deux ans à peine. — Voir la note I.

soit à couvrir la capitale, soit à entrer en ligne contre les alliés en renforçant l'armée d'opération.

Pendant toute la campagne de 1814, le général d'Ornano, sans cesse en correspondance avec l'Empereur par l'intermédiaire de Drouot, sans cesse en rapport direct avec le roi Joseph, armant, organisant, exécutant des ordres aussi importants que remplis de difficultés, tint une conduite qui lui valut à plusieurs reprises les éloges de Napoléon. Le 29 mars, il réunit tout ce qui lui restait de troupes de la garde, en forma deux divisions, dont l'une de quatre mille hommes commandée par le général Michel, l'autre de dix-huit cents à deux mille combattants. Avec cette petite réserve, il sortit de la capitale pour éclairer la plaine en avant de Pantin. Prévenu que les faibles corps de Compans, de Mortier et de Raguse se repliaient sous Paris, il vint à leur rencontre. Le 30, il s'établit en avant des prés Saint-Gervais, liant ainsi les troupes du duc de Raguse, placées à droite, et celles du duc de Trévise formant l'aile gauche.

Lorsque la capitulation fut signée, il courut rejoindre à Fontainebleau l'Empereur, qui, par un ordre du jour du 5, lui confia le commandement en chef des deux divisions de la cavalerie de la garde et lui prescrivit de se mettre en marche à six heures du matin sur Malesherbes avec l'artillerie de son corps d'armée. Cet ordre du jour, dont l'original est aux mains du maréchal d'Ornano, est une pièce historique importante, car elle prouve que le 5 au matin, l'Empereur, qui ignorait la défection du duc de Raguse et qui connaissait le refus de son abdication *conditionnelle*, avait l'intention de tenter encore le sort des armes.

XVIII

D'Ornano, par suite de l'abdication que précipita l'affaire d'Essonnes, dut rester à Fontainebleau, où il assista aux touchants adieux de Napoléon à ses vieux compagnons d'armes. De tous les personnages compris dans le tableau de Vernet qui retrace cette page de notre histoire moderne, il est le seul qui existe encore. Le jour même de l'abdication, traversant les galeries du château de Fontainebleau, il s'arrêta brusquement devant quelques officiers qui jouaient aux dés, comme si tout était dans un état normal : « Ah ! « Messieurs, leur dit-il, ne croirait-on pas, dans « un pareil moment, voir les soldats romains « jouant au pied de la croix de Jésus-Christ ? » Les officiers, à cette juste apostrophe, cessèrent immédiatement leur jeu.

Le gouvernement de la Restauration cherchait

à s'attacher les officiers les plus marquants de l'Empire, ceux principalement qui portaient un beau nom. Louis XVIII se montra plein de bienveillance pour d'Ornano. Il le nomma chevalier de Saint-Louis et commandant le corps royal des dragons de France. Le général passa à Tours la fin de 1814 et le commencement de 1815.

Au retour de l'île d'Elbe, il arriva des premiers à Paris pour se mettre à la disposition de l'Empereur, qui allait lui rendre le commandement de la garde, lorsqu'un duel malheureux, suite d'un malentendu, compromit son existence et le cloua, pendant la campagne de Waterloo, sur son lit de douleur.

Le général Bonnet commandait la division militaire à Tours. Napoléon, voyant d'Ornano avant Bonnet, demanda au premier pourquoi le second ne s'était pas encore présenté au château. D'Ornano fit une réponse évasive. Il savait que son collègue se laissait alors influencer par Dupont. Bonnet arriva à Paris; on lui dit que d'Ornano l'avait desservi auprès de l'Empereur. Assez mauvaise tête de sa nature, il fit à son collègue des reproches immérités. Une rencontre s'ensuivit. Le temps était affreux; deux fois les pistolets ratèrent. On remit le combat au jour suivant. Le lendemain, les deux coups partent à la fois. Bonnet reçoit à la cuisse une balle qui le blesse légèrement ; d'Ornano tombe frappé en pleine poitrine. On le croit tué, on l'emporte ; un chirurgien maladroit aggrave encore sa blessure. Les journaux annoncent sa mort ; on ne va pas, comme en Russie, jusqu'à l'ensevelir, mais c'est tout au plus. Le célèbre Boyer, appelé près de lui, parvient cependant à le sauver (1).

Le général, à peine en convalescence, se voit un beau matin enlevé par mesure de haute politique, et transporté à la prison militaire de l'Abbaye, ainsi que plusieurs des généraux marquants de l'Empire, Drouot, Colbert, etc. On lui fait partager la chambre d'un ancien compagnon de gloire, Belliard. On prétendait qu'il s'était écrié, en apprenant le procès de Ney : « Si j'avais deux « cents hommes dévoués, j'irais enlever le maré« chal dans sa prison. »

D'Ornano était lié avec les ducs de Fitz-James et de Crussol ; ils obtinrent facilement du Roi l'autorisation, pour le général, de passer en Belgique. En 1816, il se trouvait dans ce pays, lorsqu'il épousa la comtesse Walewska, veuve du comte Colonna Walewski, et dont le fils est aujourd'hui ministre d'État.

(1) Le général Bonnet reçut, le même jour de ce malheureux duel, un commandement important. Il reconnut alors, mais un peu tard, son erreur, courut chez d'Ornano, et resta, depuis, lié avec lui de l'amitié la plus franche.

La comtesse d'Ornano mourut en 1817, six mois après avoir donné un fils (1) au général. Ce dernier revint en France, où il fut rétabli sur le cadre d'activité des officiers-généraux et mis en disponibilité. En 1823, le Roi lui fit offrir le commandement d'un corps à l'armée d'Espagne. D'Ornano déclara qu'il était prêt à obéir, mais qu'il ne solliciterait aucune faveur. En 1828, on lui donna une inspection générale, à la suite de laquelle on le nomma commandeur de Saint-Louis et président de la Commission d'admission à Saint-Cyr.

En 1830, il eut la 4e division, formée des départements d'Indre-et-Loire, de la Sarthe, de la Mayenne, de Maine-et-Loire et de la Vienne.

Le général d'Ornano, pendant la crise vendéenne de 1832, par son esprit conciliant, rendit des services politiques de la plus haute importance, et au gouvernement et aux familles compromises. Il fit chérir son nom dans le pays, et fut élevé à la dignité de Pair de France. Plus tard, lors du procès du prince Louis-Napoléon devant la Cour des Pairs, il crut devoir se récuser.

Nommé, en 1848, par le Gouvernement provisoire, au commandement de la 14e division militaire, à Nantes, d'Ornano refusa et demanda sa

(1) Aujourd'hui premier maître des cérémonies de l'Empereur et député de l'Yonne.

mise à la retraite. Il accepta, à cette époque, le mandat de membre de l'Assemblée Constituante et Législative, que lui offrirent ses compatriotes d'Indre-et-Loire. Il fut relevé de la retraite sous la Présidence, lorsqu'on rétablit le cadre de réserve de l'état-major-général. Il avait été fait grand-officier de la Légion d'honneur en 1834 (18 avril). Il reçut la grand'-croix de l'Ordre, en 1850 (le 11 août), et, à la mort du maréchal Excelmans, on le nomma grand-chancelier (13 août 1852). Lors de l'avénement de Napoléon III, on le rétablit dans la première section du cadre d'activité, avec le numéro premier, comme ayant commandé en chef.

En 1853 (24 mars), sur les pressantes sollicitations du prince Jérôme, qui quittait le gouvernement effectif de l'Hôtel des Invalides, le général d'Ornano ne crut pas devoir refuser le poste élevé de gouverneur de l'Hôtel Impérial, où il est aujourd'hui, après soixante-deux ans de service militaire et quatorze années *non interrompues* de campagnes.

Profitant d'une circonstance solennelle, l'inauguration du tombeau de Napoléon Ier, l'empereur Napoléon III l'éleva à la dignité de maréchal de France, le 2 avril 1861, acquittant ainsi la dette de son oncle envers l'un des plus glorieux vétérans des armées du premier Empire.

Le troisième maréchal d'Ornano, dont nous venons de retracer les longs et les glorieux services, sénateur en 1852, a présidé la Commission chargée de mettre à exécution le testament de l'empereur Napoléon Ier; il fait partie du Conseil de la Famille Impériale, et son nom figure sur l'arc de triomphe de l'Étoile. Il est grand-croix de la Légion d'honneur et de l'ordre de la Réunion, décoré des médailles Militaire et de Sainte-Hélène, chevalier de la Couronne de Fer d'Italie, et du Mérite Militaire, de Bavière.

Qu'on nous permette, suivant le maréchal pas à pas dans sa carrière si accidentée, de retracer le long et curieux itinéraire qui le conduit tantôt sur les bords du Mincio, tantôt à Saint-Domingue, tantôt à Madrid et à Lisbonne, tantôt enfin sur les rives glacées de la Bérésina?

N'aura-t-on pas ainsi l'histoire la plus vraie de cette pleïade d'hommes de fer dont le nombre diminue, hélas! chaque jour!...

XIX

Philippe-Antoine d'Ornano, né à Ajaccio, le 17 janvier 1784. — Cousin issu de germain, par sa mère, de l'empereur Napoléon Ier.

Sous-lieutenant au 9e de dragons (31 mars 1799). — Passe les Alpes (mai 1800). — Fait la campagne d'Italie à l'armée dite de réserve. — Prend part à la bataille de Pozzolo (25 décembre 1800). — Passe l'Adige (4 janvier 1801). — Revient en France (1801). — A l'état-major du général Leclerc. — Embarqué pour Saint-Domingue (fin de 1801). — Débarque en Amérique (mars 1802). — Lieutenant (avril 1802). — Aide de camp de Leclerc (30 juin 1802). — Envoyé en mission en France près du Premier Consul (septembre 1802). — Arrive en France (fin de 1802). — Repart pour Saint-Domingue porteur de dépêches et d'argent. — Apprend la mort de son général, dont le corps a été ramené en France. — S'embarque de nouveau lui-même pour la France (1803). — Capitaine provisoire (6 mars 1803). — — Rentre comme adjudant-major au 9e de dragons (15 juillet 1803). — Aide de camp de Berthier (du 3 février 1804 au 24 août 1805). — Chef du bataillon des tirailleurs corses, au camp de Boulogne, 4e corps (Soult), 3e division (Legrand), 1re brigade (24 août 1805). — Chevalier de la Légion d'honneur à la création de l'Ordre. — Part pour la campagne d'Allemagne avec son bataillon (septembre 1805). — Passe le Rhin (25 septembre). — A Heilbronn le même jour. — En marche sur Nordlingen (26 septembre). — Combat de Donawerth. — Marche sur Augsbourg (7 octobre 1805). — Combat d'Aichach (8 octobre). — Prise d'Augsbourg (9 octobre). — Investissement d'Ulm. — Combat de Memmingen. — Capitulation d'Ulm (17 octobre). — En marche, par la chaussée de Munich, à Muhldorf. — Passe l'Inn (27 octobre). — En marche sur Vienne. — Combat d'Hollabrunn (16 novembre). — En marche sur la Moravie. — En position en avant de Telnitz (4 décembre 1805). — A la bataille d'Austerlitz (5 décembre). — Se distingue, — enlève quatre canons, — est cité dans le rapport de Soult, du 25 décembre. — Nommé officier de la Légion d'honneur (26 décembre). — A la poursuite de l'armée russe (décembre). — En cantonnement sur l'Inn, autour de Passau (jusqu'au mois d'octobre 1806). — En marche sur la Prusse (octobre 1806). — A Iéna (14 octobre). — En marche sur Creussen. — Au combat de Creussen (16 octobre). — Au combat de Nordhausen (17 octobre). — En marche sur Quedlinbourg (18 octobre), par Stolberg et Gunsterberg. — A Halberstadt (19 octobre), — à Halmersleben (20 octobre), — à Ottersleben (21 octobre). — Attaque avec ses tirailleurs corses l'ennemi, et replie les avant-postes prussiens dans Magdebourg (23 octobre). — Cité pour cette affaire au rapport de Soult à l'Empereur. — En marche sur Tangermuth (25 octobre) à la poursuite du duc de Weymar. — Passe l'Elbe (28 octobre). — Au combat de Lubeck (6 novembre). — Cité pour cette affaire par le général Legrand, par le maréchal Soult et au Bulletin de la Grande-Armée. — En cantonnement sur l'Orzye (en décembre 1806 et janvier 1807). — Colonel du 25e de dragons (18 janvier 1807). — A la réserve de cavalerie, 5e division de dragons (Becker) (brigade Vialanes), détachée au 3e corps. — A Villenberg (27 janvier 1807). — Détaché avec sa division au 5e corps (Savary). — Au combat d'Ostrolinska (16 février). — A l'extrême droite de la Grande-Armée (jusqu'en juillet 1807). — Après Tilsitt, en route pour Breslau. — En cantonnement en Silésie, vers Oppeln, avec ses dragons (du 21 août à octobre 1808). — En marche pour l'Espagne. — A la réserve de cavalerie de Bessières, division Lorge, brigade Fournier-Sarlovèze (décembre 1808). — Détaché avec sa division au 2e corps (Soult) (janvier 1809). — A la poursuite des Anglais en retraite sur la Corogne (janvier 1809). — Au 6e corps (Ney) (avril 1809). — A la Corogne (jusqu'en mai 1809). — En expédition sur les Asturies, détaché de la brigade Fournier (13 mai 1809). — A Oviedo (mai 1809). — En marche sur la Galicie (22 juin 1809). — Force le passage de la Navia (26 juin 1809). — A Lugo (commencement de juillet. — A Benavente, à la division Lorcet (fin de juillet), — à Salamanque (août et septembre), — remplace dans le commandement de la brigade de dragons, le général Fournier, absent. — Soutient avec sa brigade la retraite de l'infanterie du 6e corps (général Marchand), au combat de Tamamès (18 octobre 1809), — en reconnaissance près d'Alba de Tormès (18 et 19 novembre 1809). — Au combat d'Alba de Tormès (général en chef provisoire du 6e corps, Kellermann; général de brigade, Lorcet, commandant la division) (28 novembre 1809). — Cité dans le rapport de Kellermann. — Autour de Salamanque (premiers mois de 1810), à la division Lorge. — Continue à commander la 2e brigade (15e et 25e de dragons) de cette division, en l'absence du général Fournier. — A la réserve de cavalerie de l'armée du Portugal (2e, 6e et 8e corps, commandant en chef, Masséna) (mai 1810). — A la 3e brigade (Gardane) de la division Montbrun — en expédition contre le Portugal. — A Ciudad-Rodrigo (juillet 1810). — Devant Almeida (août 1810). — A la bataille de Busaco (27 septembre 1810). — En retraite sur Santarem (décembre 1810). — Autour de Santarem (jusqu'en février 1811). — Prend le commandement de la brigade en l'absence du général Gardanne. — En retraite sur Coïmbre (mars 1811). — A la bataille de Fuentès de Onoro (5 mai 1811). — Proposé pour général de brigade à la suite de cette affaire. — Général de brigade (16 juin 1811). — Prend le commandement de la 2e brigade (11e et 25e de dragons) de la division Montbrun (armée du Portugal, où Marmont remplace Masséna). — A Penaranda (6 juillet 1811). — A Estrella (août 1811). — A Truxillo (25 août). — A Arrevalo (octobre). — Prend le commandement de la 1re brigade de la division Montbrun (1er décembre 1811). — En marche de Talavera sur Valladolid et Salamanque. — Désigné par l'Empereur, au commencement de janvier 1812, lors de la première organisation de la Grande-Armée, pour être employé à l'état-major général. — Reçoit l'ordre de se rendre de l'armée d'Espagne à l'armée de Russie, à Glogau (mars 1812). — Reçoit le commandement de la 3e brigade de la division Wathiez (2e division de cavalerie légère du 2e corps de la réserve de cavalerie commandé par Montbrun. — Commande cette brigade (1er régiment de chasseurs polonais, 3e de chasseurs wurtembergeois, 3e de hussards prussiens) (jusqu'au 13 juin) ; cette brigade porte aussi le n° 16 des brigades de cavalerie légère de l'armée. — Reçoit l'ordre (13 juin), à la réorganisation de la Grande-Armée, de quitter sa brigade pour être employé auprès de Murat, commandant en chef des quatre corps formant les réserves de la cavalerie. — Passe le Niémen (24 juin 1812). — Se distingue au combat d'Ostrowno (26 juillet 1812). — Est cité dans le bulletin relatif à cette affaire. — Se distingue au combat de Krasnoë (15 août). — Est nommé général de division (3 septembre 1812. — Est envoyé au 4e corps (Prince-Eugène). — Prend le commandement de la division de cavalerie du 4e corps (9e et 19e régiments de chasseurs, 2e et 3e de chasseurs italiens) (6 septembre, veille de la bataille de la Moskowa). — A la bataille de la Moskowa (7 septembre). — Opère sur l'extrême gauche un grand et beau mouvement, et refoule à la tête de toute la cavalerie du 4e corps (sept régiments) toute la cavalerie de l'hetman Platow. — Détaché en avant de Moscou (septembre et octobre). — Reprend un convoi (octobre). — En retraite sur Malo-Jaroslawetz (19 octobre 1812). — A la bataille de Malo-Jaroslawetz (24 octobre). — Blessé mortellement au passage du Vop (16 novembre). — Considéré comme mort, enterré, puis porté jusqu'à Krasnoë. — Placé dans la voiture de l'Empereur et évacué sur Vilna. — De Vilna à Paris en poste (fin de 1812). — A Paris (jusqu'en avril 1813). — Grand'-croix de l'ordre de la Réunion (3 avril 1813). — En marche pour l'Allemagne (avril 1813). — Commandant une division de cavalerie de la garde à Lutzen (2 mai). — A Bautzen (21 mai). — A Wurschen (21 mai). — A Dresde pendant l'armistice (du 10 juin au 10 août). — Départ de Dresde (15 août). — En route avec l'Empereur. — A Gorlitz (18 août). — En marche sur Lobau (20 août). — A Lowensberg (21 août). — En marche sur Dresde par Gorlitz (22 août). — A Stolpen (25 août). — A Dresde, à dix heures du matin (26 août). — En réserve pendant le premier jour de la bataille. — Fait une charge brillante (27 août). — Détaché au 6e corps de Marmont (27 août au soir). — A un engagement sérieux à Dippodisvalde (28 août au soir). — En marche sur la Lusace (3 septembre). — A Reichenbach (6 septembre). — En marche sur Liebstadt (9 septembre). — De retour à Dresde (11 septembre). — En marche sur Berggies-Hubel (15 septembre). — En position sur les hauteurs de Hollendorf (16 septembre). — S'empare d'une batterie et de deux villages dans la plaine de Culm (17 septembre). — En retraite sur Berggies-Hubel (18 et 19 septembre). — A Dresde (21 septembre). — En marche sur Meissen (5 octobre). — A Wurtzen (8 octobre). — A Duben) (du 10 au 14 octobre). — A Leipzig (15 octobre). — En réserve à Probstheyde pendant la première journée de Leipzig (18 octobre). — Exécute une belle charge sur la droite des alliés, à la seconde journée de Leipzig (18 octobre). — En retraite sur Erfurth (19 octobre). — A Weissenfeld (20 octobre), — à Gotha (25 octobre), — à Langeselbeld (29 octobre). — A la bataille de Hanau, charge, culbute et sabre l'aile gauche des Austro-Bavarois (30 octobre). — Repasse le Rhin (2 novembre). — En cantonnement entre Mayence et Spire avec la 1re division de cavalerie de la garde (fin de 1813). — Chambellan de l'Empereur (13 janvier 1814). — Commande toutes les troupes de la garde, à Paris (du 24 janvier au 31 mars 1814). — Sort de Paris pour se porter au devant des maréchaux Mortier et Marmont et du général Compans (29 mars 1814). — En avant des Prés-Saint-Gervais, à la bataille de Paris (30 mars). — A Fontainebleau (du 31 mars au 5 avril), reçoit l'ordre de prendre le commandement de la cavalerie de la garde et de se porter sur Malesherbes (5 avril). — Assiste aux adieux de Fontainebleau. — Chevalier de Saint-Louis. — Commandant les dragons de France à Tours (fin de 1814 et commencement de 1815). — A Paris (21 mars 1815). — Grièvement blessé dans un duel qui ne lui permet pas de faire la campagne de 1815. — Arrêté et mis à l'Abbaye (20 novembre 1815). — Se retire en Belgique (1816). — Revient en France (1817). — Inspecteur de cavalerie (1828). — Président du jury d'examen pour l'admission à Saint-Cyr (1829). — Commandeur de Saint-Louis. — Commandant la 4e division militaire (de 1830 à 1848). — Pair de France (1832). — En retraite sur sa demande (1848). — Membre des Assemblées Constituante et Législative (1848-49). — Relevé de la retraite et placé au cadre de réserve (1850). — Grand'-croix de la Légion d'honneur (14 août 1850). — Sénateur (26 janvier 1852). — Grand-chancelier de la Légion d'honneur (13 août 1852). — Gouverneur des Invalides (24 mars 1853). — Maintenu définitivement dans le cadre d'activité comme ayant commandé en chef (mars 1853). — Président de la commission du testament de l'empereur Napoléon Ier. — Membre du conseil de la famille impériale. — Maréchal de France (2 avril 1861).

NOTES ET DOCUMENTS

Note A.

HENRY, par la grâce de Dieu, Roy de France et de Navarre, etc. Ayant plû à Dieu nous appeler à l'administration de cette Couronne, nous avons estimé que l'une des choses que nous devions autant considérer pour rendre notre charge et fonction royale agréable et utile à ceux de nostre temps, et mémorable à la postérité, estoit d'avoir soin de la rémunération des grands, excellens et vertueux personnages, qui ont bien mérité de la chose publique de nostre Royaume, non-seulement par marque d'honneur, mais encore en la distribution des charges et grades desquels dépend la conservation de nostre Estat, et le salut et repos de nos sujets : Au moyen de quoy; considérant les grandes et rares qualités qui sont en la personne du sieur Alphonse d'Ornano, chevalier de nostre Ordre, conseiller en nostre Conseil d'Estat, capitaine de cent hommes d'armes de nos Ordonnances, et nostre lieutenant-général au Gouvernement du Dauphiné; et les signalez et recommandables services qu'il a faits avec tout honneur et louange aux Roys nos prédécesseurs et à nous, depuis trente ans, en plusieurs grandes et honorables charges qui luy ont esté commises, notamment en nostre pays de Languedoc et celuy de Provence, où il a si dignement assisté deffunt nostre très-cher et amé cousin le grand-prieur de France, gouverneur dudit pays; qu'il y a laissé de grandes marques non-seulement de sa valeur, mais aussi de son inclination au bien de cet Estat et Couronne, à laquelle il témoigna encore une grande et singulière affection du temps du Roy nostre très-honoré seigneur et frère, à la desfaite des quatre mille Suisses qui venoient contre son service l'année 1587. Et récemment celuy que nous avons reçu de luy par la réduction en nostre obéissance de cette ville de Lyon, qui a esté la première des capitales de nostre royaume qui a reconnu nostre authorité et montré aux autres l'exemple et le chemin de se ranger à leur devoir; en quoy les recherches, admonitions et remonstrances dudit sieur d'Ornano, et la créance que les habitants de ladite ville avoient en luy pour le secours qu'il leur avoit donné contre les troupes du duc de Nemours, qu'ils avoient emprisonné, ont prévalu par dessus les artifices de nos ennemis, pour l'exécution duquel exploit ledit sieur d'Ornano se trouva aux portes de cette ville, accompagné d'un bon nombre de forces, avec lesquelles, les choses luy ayant heureusement réussi, il s'est vertueusement employé à la réduction de la principauté de Dombes à nostre obeyssance, et de la plupart des villes et places du gouvernement de Lyonnois, Forez et Baujolois, lesquelles estoient encore tenuës et occupées par nos ennemis; ayant jusques à cette heure commandé aux forces desdits pays avec tant de valeur et de vigilance, qu'il a, nonobstant les intelligences dudit duc de Nemours et l'effort de ses troupes, conservé en nostre obeyssance cette dite ville et lesdites places, depuis réduites.

Au moyen de quoy, désirant reconnoistre un si digne et affectionné serviteur, afin qu'il serve d'exemple pour estre imité par toutes personnes généreuses qui se veulent acquérir l'honneur d'avoir bien et utilement servi ce dit Estat, sçavoir faisons, que nous, de l'advis de nostre Conseil et d'aucuns princes, officiers de nostre Couronne, et autres grands et notables personnages estans près de nous, de nostre grâce spéciale, pleine puissance et authorité royale, avons, en faveur dudit sieur d'Ornano, fait, érigé, créé, ordonné et estably ; faisons, érigeons, créons, ordonnons et establissons par ces présentes, et pour cette fois seulement, un estat de mareschal de France, etc. Donné à Lyon, le 16 septembre 1595.

Note B.

« Mon cousin; ce n'a pas esté pour ne m'estre bien souvenu de la promesse que je vous ai faite, ou en avoir mis l'effet en aucune dispute, que je ne vous ay envoyé plustost cette despesche pour vous mettre en possession de la charge de mareschal de France, dont je vous ay cy-devant pourveu, laquelle estoit preste et resoluë il y a long-temps, n'estoit que j'estois de jour à autre attendant les deputez que l'on m'a dit qui viennent icy de la part des Estats de Dauphiné, et que je voulais par un mesme voyage, vous pouvoir dire quelque chose de la résolution que j'aurois prise sur leurs propositions; mais puisqu'ils ne sont point encore arrivez, je n'ay pas voulu différer davantage à vous envoyer vostre expédition, qui est la dispense de vostre serment pour un an, avec ordonnance d'exercer vostre dite charge dès à présent, qui est l'effet de ma dite promesse estant fort content de la discrétion que vous m'avez tenuë pour accomplir celle que vous m'avez faite de ne publier point vostre dit pouvoir sans en avoir la permission. J'ay au reste ouy ce porteur sur la creance que vous luy avez donnée; mesme sur le fait du comte de la Roche, auquel, suivant vostre advis, je me suis résolu de luy accorder ce que vous m'avez fait entendre qu'il désire, et renvoye ledit porteur avec les despesches qui sont pour ce nécessaires pour se conduire à celà, selon et ainsi que vous luy ordonnerez. Il faut que de vostre part vous pourvoyez à luy faire payer ce qui luy est deu d'estat et appointement, tant de luy que de ses capitaines, et aussi à luy augmenter sa garnison jusques à deux cents hommes de pied, et luy entretenir sa compagnie de gens-d'armes, dont je vous fais une despesche que vous pourrez montrer à ceux des Estats et autres qu'il sera besoin ; mais je n'aurois pas plaisir qu'après toutes ces assurances, ledit comte de la Roche en demeurât sur ses incertitudes ordinaires. Il faut, s'il accepte ce que je luy envoye, qu'il me vienne incontinent trouver, et fasse déclaration certaine de sa volonté; ce que je m'asseure que vous seaurez manier de sorte qu'il n'en succédera que bien, ce qui me gardera de vous faire icy un plus long propos, me remettant de ce que j'auroy à vous dire de surplus sur la créance de ce dit porteur, priant Dieu, mon cousin, de vous avoir en sa sainte garde.

Escrit à Folembray, le 20 janvier 1596.

« *Signé :* HENRY,

« Et plus bas FORGET,

« Et à la suscription,

« A mon cousin le sieur d'ORNANO, mareschal de France et mon lieutenant-général à mon pays de Dauphiné. »

Note C.

« Mon cousin, ç'a esté par votre despesche que m'a renduë le sieur de la Tour présent porteur, que j'ai eu la première nouvelle de ce que vous avez si heureusement exécuté en ma ville de Romans; j'avais bien sçeu quelques jours auparavant que vous vous y étiez acheminé, qui fut le meilleur fondement que j'eus d'en bien espérer, il y avoit bien quelques temps que j'estois averty de divers endroits que le comte de la Roche tenoit cette pratique, mais je ne me pouvois persuader qu'il prist une si mauvaise résolution : et n'ay peu jamais consentir à la prévenir en cela comme il y en a pour de bons moyens, mais je faudray plustost à estre plus tardif que prompt à prendre de mauvaises impressions de mes serviteurs; Dieu aussi me fait cette grâce, que la pluspart de ces mauvaises intentions demeurent sans effet : après lui je sçay que nul n'a plus mérité en celle-cy, que vous qui vous y êtes comporté avec toute la prudence et valeur qui s'y pouvoit désirer, dont je vous sçay très-bon gré; ce n'est que la continuation de vos procédures ordinaires et du bonheur qui accompagne toujours vos bonnes intentions; je vois aussi comme à vostre exemple, tous mes serviteurs s'y sont fort bien comportez, tant ceux de ma noblesse, que mes officiers du Parlement qui s'y sont trouvez, les habitants de la ville aussi; mais entre tous, le sieur S. Heriol y a fait preuve de sa fidélité et prud'homie, le luy ai en cette considération tenu accomply tout ce que vous luy aviez promis, et désire encore faire mieux pour luy, quand l'occasion s'en offrira; j'ay aussi approuvé et ratifié tout ce qui a par vous esté ordonné en cette occasion, mesme la démolition de la citadelle; je ferois aussi de même pour le regard de la personne dudit comte de la Roche, n'estoit que je suis adverty qu'il s'est retiré avec le duc de Savoye et le sieur d'Albigny, aussi en ce cas et l'un et l'autre se sont rendus indignes de toutes les grâces qui leur avoient esté promises, au lieu desquelles je veux qu'il soit procédé contre eux par toutes les rigueurs qu'il sera possible. Je ne vous aurais pas au reste tant retenu ce porteur, n'estoit que depuis qu'il est de retour par de ça, j'ai fait une course à Fontainebleau et à Monceaux, dont je ne suis de retour que depuis peu de jours, et je m'en vais maintenant me renfermer à S.-Germain, pour faire une petite diète, laquelle achevée, je partiray aussi-tost pour commencer mon voyage de Bretagne, et fait estat d'estre à Noël à Blois, où je feray un peu de séjour pendant que les trouppes que je veux mener en Bretagne se mettront ensemble; je vous prie ne faillir de m'y venir trouver avec vostre équipage, car je ne vous retiendroy guères que je ne vous envoye en la charge que je vous ay destinée, et ne doutés point qu'avant que je parte d'yci toute cette affaire ne soit accommodée avec mon cousin le mareschal de Biron, qui m'a, en partant d'auprès de moy, remis volontairement d'en ordonner comme il me plairoit, de sorte que cela est sans aucune difficulté; mais quand bien il y en naistroit quelqu'une, ce que je ne pense point qui puisse estre, je suis tout résolu, si mon cousin le mareschal de Biron prenoit quelqu'autres résolutions, de vous donner la charge que je luy donnois pour la sienne; ainsi, d'une façon ou d'autre, vous ne pouvez venir à faute, et que vous ne trouviez une occupation toute preste pour vous employer. Je vous prie donc, mon cousin, de haster vostre dit voyage le plus que vous pourrez, afin que vous n'ayez pas la peine de nous venir chercher plus loin que Blois, où j'arresteroy le moins que je pourroy; j'ay remis à la créance dudit de la Tour ce que j'avois à vous dire davantage, ce qui me gardera de vous faire celle-ci plus longue; priant Dieu, mon cousin, qu'il vous ait en sa sainte garde.

« Escrit à Paris, le 26e jour de novembre 1597.

« *Signé* : HENRY,

« Et plus bas FORGET. »

Note D.

« Mon cousin, j'avois estimé que la proposition que je vous avois cy-devant fait faire de la charge de la lieutenance-générale de Guyenne vous auroit contenté, et que je me serois en cela suffisamment acquitté de la promesse que je vous avois faite, estant le gouvernement de Guyenne, le plus grand et le plus honorable de tout ce royaume, et comme tel tenu en chef par le premier prince de mon sang, et néantmoins si jeune qu'il ne peut de longtemps occuper ladite charge, de sorte que la lieutenance-générale est comme en tenir le gouvernement, ne vous pouvant celer que j'ay esté un peu estonné, quand j'ay entendu par le sieur Darnes, présent porteur, que vous vous excusez d'accepter ladite charge, et en suis aussi en peine pour n'avoir maintenant entre les mains de quoy vous contenter d'ailleurs; mon cousin le mareschal de Biron estant tousjours demeuré jusqu'icy incertain s'il feroit l'eschange du gouvernement de Bourgogne à ladite charge de Guyenne, et c'est pourquoy j'ay retenu jusques à cette heure ledit sieur Darnes pour voir s'il prendroit quelque résolution; ce que n'ayant fait, et voulant encore un peu de temps pour y penser, je n'ay pas voulu retenir icy plus longuement ledit sieur Darnes, que je vous renvoye, et vous prie de repenser encore à ladite charge de Guyenne qui est bien désirée des plus grands seigneurs de ce royaume, que je vous ay néantmoins réservez tant pour vous gratifier que pour ce qu'il m'est besoin d'y tenir un personnage dont j'ay particulièrement confiance, comme je l'ay de vous qui ne devez appréhender de n'y estre honoré et respecté autant ou plus que vostre vertu et mérite vous en ont rendu digne. Je vous laisseroy compter tout ce qui se passe par de çà, par ledit sieur Darnes, auquel m'en remettant, je ne vous ferez celle-cy plus longue, priant Dieu, mon cousin, vous conserver sous sa sainte garde.

« Escrit à Paris, le 9 février 1597.

« *Signé :* HENRY.

« Et plus bas : FORGET. »

Note E.

« Mon cousin, j'ay reçu vostre despesche du 4 du présent mois, et auparavant celle du 28 du passé, et ay vû par icelle comme vous avez sceu à la vérité que les assemblées qui ont esté faites à Millo et à Montauban, ont donné beaucoup plus d'apprehention qu'il n'y a eu de mal, comme vous avez vû par mes dernières lettres. Aussi, à mon advis, il sera toujours bon quand vous entendrez quelque chose sur ce sujet, que vous continuyez à en communiquer avec le sieur de Favas, parce que je me promets qu'il vous avertira toujours fidellement de ce qu'il en sçaura. Je vous ay aussi cy-devant averty de l'opinion que j'avois de la procédure du duc de Savoye, en quoy je ne me suis point trompé; et il pourra estre que ce sera luy qui le sera, et que ses artifices ne luy succéderont pas comme il l'auroit pensé. Depuis que nous sommes à la guerre ensemble, tous les progrez en ont esté fort heureux, et ne s'est rien tenté qui ne se soit exécuté, comme vous verrez par le mémoire que je vous envoye, duquel il sera bon que vous fassiez part à mes principaux serviteurs de delà, spécialement à ceux du Parlement; car je veux que chacun connoisse que je ne suis entré dans cette guerre que par la nécessité et quand je n'ay peu de moins pour la dignité et réputation de cet Estat, auquel j'espère qu'il n'en arrivera que toute grandeur et accroissement ; la cause en estant si juste comme elle est, et le prince auquel nous avons à faire n'estant pas si puissant qu'il nous doive estre formidable. J'espère bien avant que l'hyver nous surprenne, que si je n'ay recouvert tout ce qui est de ce pays de Savoye, pour le moins j'y auray meilleur part que luy. Je vous tiendray toujours averty de ce qui se passera. Pour la succession du feu evesque de Cahors, j'eusse bien eu plaisir que vous y eussiez pû avoir part ; mais le sieur de Themines, qui est son beau-frère, en apporta icy la première nouvelle, et ne luy ay peû refuser la meilleure pièce, qui est l'evesché ; s'il en survient quelque autre occasion, je vous promets que je me souviendray de vous, comme il sera bon que de vostre costé vous veillez aussi d'avertir diligemment de deçà de ce qui viendra à vostre connaissance. Je ne veux oublier à vous dire qu'il sera à propos que vous envoyez de deçà vostre fils le colonel, parce que si cette guerre va plus avant, je fais estat de me servir du régiment des Corses, et ce sera son devoir de venir faire sa charge, comme je m'asseure que vous le désirez aussi. C'est ce que je vous diray pour cette fois, priant Dieu, mon cousin, de vous conserver en sa sainte garde.

« Écrit au camp de Chambéry, le 20 août 1600.

« *Signé* : HENRY,

« Et plus bas FORGET. »

Note F.

« Mon cousin, j'ay entendu diverses fois le sieur Darnes, présent porteur, sur la charge que vous luy aviez donnée, et ce qui m'a raporté se raporte quasi en tout à ce que m'en a aussi dit mon cousin le duc d'Espernon. J'ay esté fort déplaisant que cela soit avenu, mais j'espère y pourvoir bien-tost; et comme vous estes tous deux mes serviteurs, que vous me voudrez bien contenter en ce que je désire de vous, comme je m'efforceray de vous rendre l'un et l'autre contens et satisfaits; j'ay icy retenu le sieur Darnes plus longuement, par ce que j'estois en incertitude quel trein prendroient les affaires de deçà, et par conséquent où je pourrois résoudre mon séjour de cet hyver; et encore que jen aye maintenant plus de lumière, je n'en puis encore rien conclure que le mois de la capitulation de Montmélian ne soit passé; mais cela fait, je m'en résoudray tout aussi-tost, et lors je vous le feray incontinent sçavoir, et vous manderay de me venir trouver; je pense que ce sera plustost à Blois qu'ailleurs; toutefois je n'en suis pas encore résolu, mais en quelque lieu que ce soit, je ne manqueray de vous faire venir; cependant vous pouvez tenir vostre esprit en repos de cette affaire, et estre asseuré que je vous en sortiray, et à vostre contentement; j'en ay au reste beaucoup de la diligence que le colonel vostre fils a faite de dresser son régiment, et de le mener icy, où je n'ay pû encore le voir, parce que j'ay ces deux jours gardé la chambre, mais je le verray cette aprédînée, et me résoudray du lieu où je m'en serviray, ayant déjà sceu que les compagnies en sont bien fournies, et qu'il y a bon nombre de bons hommes dont je suis fort aise. Vous sçaurez de cedit porteur comme en mesme jour ay eu icy deux fort bonnes nouvelles, l'une a esté la conclusion de la capitulation du château de Montmélian, qui est de me rendre la place, en cas que dans le 16 du prochain le duc de Savoye ne comparoisse avec une bonne armée qui m'en fasse lever le siége, ce qui ne sera pas sans quelque miracle; car jusques icy il y est fort mal préparé, et j'espère bien qu'il me laissera joüir de la dite capitulation, qui est fort avantageuse, car c'est une des meilleures places que je vis jamais, et m'asseure qu'il y a mille capitaines en France, que si l'un d'eux y eust été avec la provision qui y est, qu'ils n'en eussent pas fait si bon marché, duquel je n'ay point sujet de me plaindre. L'autre bonne nouvelle que j'ay euë, a esté par une despesche qui m'est venuë de Florence; par laquelle j'ai sçeu que mon mariage y fut fait et célébré le 6 de ce mois, avec grande pompe et magnificence, et que la Reine devoit partir le 10 pour estre à Marseille le plustost qu'elle pourra, que j'estime qui sera vers le 23 ou 24. Je me suis résolu de l'aller trouver là, et faire ce voyage en la meilleure diligence que je pourray, et la feray encore plus grande au retour. Si tant est que j'entende que ledit duc de Savoye se mette en devoir de venir empescher l'effet de la capitulation, ce que j'estime qui luy sera bien mal aisé, ou que s'il l'entreprend, qu'il ne luy succédera pas, car je suis icy très-bien accompagné, chacun y laisse ses armes et ses chevaux; car quand nous n'aurons qu'à rapporter nos personnes, nous nous y rendrons bien diligemment. Je suis aussi averty que le Pape envoyant son neveu, le cardinal Aldobrandin, légat à Florence, pour faire mes épousailles, l'a aussi chargé de passer jusques vers moy, pour s'entremettre de la paix, mais je crois que je pourray estre de retour avant qu'il arrive icy, où je l'entendray; et me proposant la raison, je l'accepteray volontiers; mais il faudra qu'elle soit bien complète pour ce qui est du bien et de l'honneur, où il est bien raisonnable que la peine que j'y ay prise soit contée pour quelque chose, de ce qui en succédera vous en serez averty; cependant je désire que vous fassiez part de ces nouvelles à ceux de ma Cour de Parlement et à mes autres principaux serviteurs de la province, remettant le surplus de ce que j'auray à vous dire à la créance de ce porteur. Je prieray Dieu, mon cousin, vous avoir en sa sainte garde.

« A Chambéry, le 21 octobre 1601.

« Signé : Henry.

« Et plus bas : Forget. »

Note G.

« Mon cousin, j'ay receu vostre lettre du 30 du mois passé, par le sieur de Beaurepaire, par laquelle vous me donnez avis de la capture du capitaine Pieddefort, dont j'ay esté fort aise ; j'en avois aussi esté averty peu auparavant par le sieur de la Force, qui m'a dit quelqu'autre particularité sur ce sujet. Je vous ay envoyé la commission pour le sieur président de la Lane, pour interroger l'Espagnol que vous avez par delà prisonnier, et en attendray des nouvelles à vostre première dépesche. J'ay au reste bien sceu comme il a esté procédé déligamment à la démolition des fortifications du chasteau du Ha, dont je vous prie faire réserver les matériaux; m'en voulant servir pour des magasins qu'il faut construire par delà pour les poudres et munitions que l'on m'a averty n'y estre pas fort bien logez. Le baron de Merville a esté icy, auquel enfin à la recommandation de ses parents, je luy ay accordé sa grâce et luy ay confirmé l'habitation audit chasteau du Ha, auquel vous luy permettrez de demeurer. J'ay eu icy trois jours durant le connestable de Castille avec sa suite, et luy ay fait la meilleure chère et réception qu'il m'a esté possible; comme je l'ay reconnu fort honneste seigneur, outre qu'il se trouve qu'il a l'honneur de m'appartenir, ses ancestres ayant esté alliez en la maison de Foix. Je désire aussi que vous luy fassiez à Bourdeaux toute bonne et favorable réception, ainsi que vous en usâtes dernièrement à son passage ; je n'ay d'icy aucune nouvelle à vous dire pour cette fois, sur ce, etc.

« A Fontainebleau, le 12 novembre 1604.

« *Signé :* HENRY,

« Et plus bas, FORGET. »

Note H.

RELATIVE AU COMBAT DE TAMAMÈS.

Le colonel d'Ornano au général Marchand, commandant le 6e corps d'armée.

« Nuit du 17 au 18 novembre 1809.

« Mon général, j'ai l'honneur de vous rendre compte qu'on vient de me dire à l'instant (il est sept heures et demie), que l'ennemi, au nombre de huit mille hommes, est à deux lieues d'ici, sur la route de Piedrahita; je ne crois pas que cela soit vrai; pourtant je me mets sur mes gardes. Je vais envoyer de suite une reconnaissance de vingt-cinq chevaux, s'il y a quelque chose de vrai, j'aurai l'honneur de vous en rendre compte de suite.

« L'homme qui a donné cette nouvelle, est un domestique de la maison, qui l'a dit à mon cuisinier (qui le fait bien manger et bien boire par mon ordre), car il m'est impossible de pouvoir trouver un homme pour de l'argent, qui veuille me dire les mouvements que fait l'ennemi, tous me disent qu'ils ne savent rien, et je suis persuadé que si je parlais moi-même à ce domestique, ce serait le moyen de ne rien savoir; heureusement que mon cuisinier est intelligent. Cet homme dit aussi qu'il y a des Anglais d'arrivés dans l'armée, et qu'une division de troupes espagnoles marche sur Salamanca par Toro. Voilà, mon général, les nouvelles qu'on vient de me dire ; je vous prie d'être persuadé que je ferai tout ce qu'il sera dans mon pouvoir pour connaître tous les mouvements qu'il pourra faire. Je crois que cela me sera bien difficile à moins que l'ennemi ne se rapproche davantage d'Alba.

« J'ai l'honneur, etc.,

« Le colonel du 25e dragons,

« ORNANO. »

P.-S. « Je vous prie, mon général, de me faire savoir ce que je dois faire en cas que l'ennemi soit aussi près qu'on le dit. Je crois pouvoir recevoir votre réponse avant le jour. »

Le colonel d'Ornano au général Marchand.

« Alba de Tormès, 18 novembre 1809.

« Mon général, j'ai l'honneur de vous rendre compte que j'ai envoyé ce matin des reconnaissances sur Piedrahita et Salvatierra ; celle de Piedrahita a été à deux lieues sans rien rencontrer, mais celle de Salvatierra a trouvé l'ennemi à une lieue d'ici. Dès la pointe du jour on a commencé à tirailler et cela dure encore. Je ne sais pas si je serai attaqué vigoureusement dans la journée. L'ennemi n'a fait paraître jusqu'à ce moment que deux cents chevaux qui tiennent très-bien, ce qui prouve qu'ils ont toutes leurs forces derrière eux. Tous les habitants assurent que toute une division de cinq mille hommes et deux mille chevaux ne suit qu'à trois lieues d'ici; cette division a trois pièces de canon et un obusier. Le reste de l'armée est à Salvatierra et à Piedrahita et environs d'après les renseignements qui paraissent positifs. Je vous prie, mon général, de me faire savoir s'il faut que je tienne, et, dans ce cas, il est urgent que vous envoyiez du renfort, autrement l'ordre d'évacuer ce point.

« J'attends, mon général, vos ordres. En attendant, j'agirai selon les circonstances. »

Le général Maucune au major-général.

« Toro, 20 novembre 1809.

« Monsieur le maréchal, j'avais eu l'honneur d'annoncer à Votre Excellence, dans ma lettre du 14, que l'armée ennemie, qui se trouvait en entier à Banos et en deçà, reprendrait l'offensive dès qu'elle serait instruite du départ des deux brigades qui étaient retirées du 6e corps. Effectivement, ces deux brigades sont parties le 15, et le 17 j'avais avis que l'ennemi faisait un mouvement sur Salvatierra. Je donnai de suite ordre au colonel Ornano, qui se trouvait à Alba avec son régiment de dragons et un régiment d'infanterie, de pousser des reconnaissances le 18 sur cette route. Cette reconnaissance rencontra l'ennemi à une lieue d'Alba. Il s'engagea une fusillade qui dura jusqu'au soir. Je fis partir de suite le général Mermet avec deux régiments d'infanterie et le 15e de chasseurs pour aller renforcer ce point. L'ennemi fut contenu jusqu'à la nuit, et les postes furent placés à une portée de fusil les uns des autres; pendant la nuit, le général Mermet me rendit compte que tous les renseignements qu'il avait pu se procurer annonçaient que toute l'armée ennemie était dans le voisinage. Le lendemain, 19, il la fit reconnaître, et une heure après il la vit paraître en colonnes, venant se placer devant Alba. Ce qui a été vu dans cette partie a été apprécié par tout le monde à 2,500 chevaux et 30,000 hommes d'infanterie. Le général Mermet se sentant tout à fait hors d'état de résister à une pareille masse, se décida à la retraite et m'écrivit qu'il se portait, par la rive droite de la Tormez, à Billafuente, pour venir de là me joindre à Salamanca. Je sentis de suite que l'ennemi pouvait être arrivé avant lui entre Salamanca et Billafuente, et je lui envoyai sur-le-champ un officier au galop à Billafuente, pour lui dire de diriger sa marche sur Arcediano, route de Toro, où j'irais le joindre le soir. Un instant après l'arrivée de cet officier, un nombreux corps d'ennemis prit position entre lui et moi, et notre communication fut totalement interceptée. Le général Mermet a été poursuivi pendant sept heures et s'est battu tout le temps. Ce n'est qu'à une demi-lieue d'Arcédiano que l'ennemi s'est arrêté. De mon côté je me suis mis en marche à deux heures après midi, avec tout ce qui était resté à Salamanca, pour me porter sur Arcediano. Une demi-heure après mon départ, une colonne ennemie, venant par la route de Banos, entra dans Salamanca; mon arrière-garde a tiraillé avec la cavalerie ennemie pendant une heure.

« D'après ces détails, Votre Excellence sera convaincue qu'il ne me restait d'autre parti à prendre que celui de la retraite.

« Le 20, je suis arrivé à Toro sans avoir été poursuivi : je laisserai ici une brigade d'infanterie et une de cavalerie; je me rendrai demain avec quatre régiments d'infanterie et deux de cavalerie à Tordesilas, d'où je porterai une brigade d'infanterie et une de cavalerie à Medina, pour observer tous les mouvements que l'ennemi pourrait faire sur les derrières de Madrid. Dans le cas où il ferait quelque tentative de ce côté, le général Kellermann et moi réunirons nos troupes et nous marcherons à lui. »

Le général Marchand au duc de Dalmatie.

« Salamanca, 3 décembre 1809.

« Monsieur le maréchal, M. le général Kellermann ayant rendu compte à Votre Excellence du combat d'Alba de Tormez et des opérations qui l'ont précédé, je n'entrerai dans aucun détail sur cette affaire qui tient du miraculeux et dont les résultats ne peuvent pas encore se calculer. Une charge de cavalerie, conduite avec la plus grande vigueur par le général Kellermann, a tout décidé, et si l'infanterie, qui avait fait ce jour-là douze lieues de France, eût pu arriver une demi-heure plus tôt, c'est-à-dire avant la nuit close, le carré ennemi, qui n'avait pu être enfoncé par la cavalerie, aurait été entièrement détruit sans qu'il eût pu s'échapper un seul homme, et l'ennemi voyait disparaître en un moment toutes ses meilleures troupes. Dès lors je crois qu'il eût été dans l'impossibilité de reparaître; malheureusement, lorsque l'infanterie est arrivée, la nuit était si obscure qu'on ne voyait plus ce carré, néanmoins la brigade du général Maucune s'est dirigée vers le plateau qu'il occupait; mais il avait profité de l'obscurité pour s'échapper. Le général Maucune l'a suivi au hasard, et quoiqu'il ait été accueilli par une vive fusillade aux portes de la ville, il a chassé l'ennemi à coups de baïonnette et en a tué ou pris trois cents, s'est de suite porté de l'autre côté du Tormez, et a ramené deux obusiers et quatre caissons que l'ennemi s'efforçait de sauver, et qui étaient déjà à une demi-lieue d'Alba. Voilà tout ce que l'infanterie a pu faire ce jour-là; mais les succès de la cavalerie avaient été prodigieux. Six régiments avaient donné ensemble sur l'infanterie espagnole, qui, ayant lâché pied, a été entièrement taillée en pièces. Le lendemain on comptait près de quinze cents morts sur le champ de bataille, le 3e de hussards, qui était en tête, s'est couvert de gloire. Le colonel de ce régiment, officier d'une grande bravoure et plein de détermination, a été blessé; il mérite que l'Empereur pense à lui. Le 15e de chasseurs ne s'est pas moins distingué. Ces deux régiments ont enlevé trois drapeaux à l'ennemi. Le colonel Ornano, à la tête des 15e et 25e de dragons, s'est emparé de quatre pièces de canon.

« Le 29, lendemain du combat, on s'est mis à la poursuite de l'ennemi sur plusieurs directions qu'on a trouvé sur tous les points, et on lui a tué et pris un grand nombre d'hommes.

« Le 30, M. le général Kellermann a repris le chemin de Valladolid, emmenant sa division de cavalerie avec lui; j'ai donné au général l'ordre de partir avec trois régiments d'infanterie et la cavalerie légère, commandée par le général Lorcet, de se porter à Navaredouda, où ils ont trouvé un parti de 400 hommes dont ils ont pris ou tué la moitié. Il y a fait brûler deux caissons ennemis. Le 1er, ils se sont dirigés sur Tamanca, où ils n'ont trouvé personne. Ils ont poussé un parti à deux lieues sur la route de Ciudad-Rodrigo, ce parti n'a également rencontré aucun ennemi. En revenant sur Salamanca, ils ont ramassé une centaine de soldats égarés et en ont tué une cinquantaine qui ne voulaient pas se rendre.

« Un régiment d'infanterie et un de cavalerie se sont dirigés de Tamanca sur Lederma, et je pense que chemin faisant ils ramasseront beaucoup d'égarés. Je ne pourrai recevoir leur rapport que dans deux jours.

« Au résultat, l'ennemi a perdu dans le combat d'Alba et des trois jours suivants, deux mille cinq cents à trois mille tués, un grand nombre de blessés et huit cents prisonniers. Nous lui avons pris neuf pièces de canon et dix-huit caissons. Nous avons trouvé sur le champ de bataille quatre mille fusils que nous avons fait brûler; nous en avons fait en outre briser douze ou quinze cents dans la poursuite. Ce qui paraîtra incroyable et qui néanmoins est très-exact, c'est que dans tout cela nous n'avons eu que cinquante et quelques hommes hors de combat, tant tués que blessés.

« L'armée ennemie était composée de 42,000 hommes, dont 4,500 non combattants. Elle avait quarante-quatre pièces de canon. Nous n'avons eu affaire à Alba qu'à 15,000 hommes, le reste était déjà en retraite.

Le rendez-vous général de cette armée a été donné pour Ciudad-Rodrigo. Il paraît qu'elle est dans un très-grand désordre. Je ne négligerai rien pour en avoir des nouvelles positives, que je m'empresserai de communiquer à Votre Excellence. »

Note I.

LETTRES ADRESSÉES AU GÉNÉRAL D'ORNANO, EN 1814.

MINISTÈRE DE LA GUERRE.

1re DIVISION.

Bureau de la Garde Impériale.

« Paris, le 17 décembre 1813.

« Général, par ma dépêche du 6 décembre 1813, j'ai eu l'honneur de vous transmettre les dispositions du décret du 4 du même mois, relatif à la formation d'un régiment d'éclaireurs qui doit être placé sous votre commandement, et je vous ai engagé à vous occuper de suite de l'achat de mille chevaux qui étaient nécessaires pour monter ce corps.

« J'ai l'honneur de vous prévenir aujourd'hui que l'art. 3 du décret du 9 décembre, concernant l'organisation de la cavalerie de la garde, porte que la masse de remonte des chevaux des éclaireurs ne sera portée qu'à 250 fr. et que Sa Majesté Impériale et Royale, par les ordres qu'elle m'a adressés le 8 du même mois, me fait connaître que la remonte du 2e régiment d'éclaireurs est fixée à 250 fr. au plus et la première mise en harnachement ne doit pas excéder 60 fr.

« Je vous invite en conséquence, général, à vouloir bien vous conformer aux dispositions prescrites par Sa Majesté pour les marchés qui doivent assurer la remonte et l'équipement du 2e régiment d'éclaireurs.

« Recevez, général, l'assurance de ma considération distinguée,

« Le Ministre de la Guerre,

« Duc de Feltre,

« *A M. le général Ornano, colonel des dragons.* »

Au Palais des Tuileries, le 24 janvier 1814.

« Napoléon, empereur, etc.

« Nous avons décrété et décrétons ce qui suit :

TITRE I

« Le général Ornano, colonel des dragons de notre garde, commandera toute la garde à Paris, infanterie, cavalerie et artillerie. Il sera chargé du détail des dépôts de la cavalerie.

TITRE II

CAVALERIE

« Le général Ornano prendra les mesures nécessaires pour organiser le plus tôt possible les 750 éclaireurs du

1er régiment, 500 éclaireurs du 2e, 1,000 éclaireurs du 3e régiment; total 2,250 éclaireurs. Il organisera sans délai 200 grenadiers, 200 dragons, 300 chasseurs, 300 lanciers du 2e régiment; total 1,000 hommes; ce qui portera à 3,250 chevaux la cavalerie de la garde à Paris. »

. . . .

—

INSTRUCTIONS.

Paris, 24 janvier 1814.

« Le roi Joseph, en qualité de mon lieutenant-général, commandera, etc. . . . .

. . . .

« Il donnera des ordres au général Ornano, commandant la garde à cheval, la garde à pied et l'artillerie de la garde.

« Ce général les fera exécuter. . . . .

. . . .

CAVALERIE DE LA GARDE

. . . .

« J'ai donné le commandement général au général Ornano, de sorte qu'en cas d'alarme, il arrive au Palais avec sa cavalerie, ayant toujours une avant-garde de 2,000 hommes d'infanterie, de 1,500 à 3,000 chevaux, selon le moment, et 22 pièces de canon pour se porter aux environs de Paris. »

« Troyes, 3 février 1814.

« *A Monsieur le général comte d'Ornano, commandant la garde impériale.*

« Mon général,

« J'ai eu l'honneur de vous écrire, il y a trois jours, que Sa Majesté ordonne que vous fassiez partir de Paris pour Nogent-sur-Seine :

« 1° Deux bataillons pour la deuxième division de voltigeurs ;

« 2° 1,000 à 1,200 voltigeurs pour être versés dans les deux divisions de voltigeurs ;

« 3° 1,000 à 1,200 tirailleurs pour être versés dans la division....... ;

« 4° 1,200 hommes de cavalerie ;

« 5° Deux pièces de six pour l'artillerie à pied.

« Sa Majesté fait quelques changements à ces dispositions : elle ordonne que vous fassiez partir pour Nogent-sur-Seine :

« Six bataillons de 600 hommes chacun, faisant 3,600 hommes, commandés par un général de brigade ;

« 1,000 à 1,200 chevaux de différents régiments ;

« Deux pièces pour l'artillerie à pied, son approvisionnement, et quatre caissons d'infanterie ;

« Une compagnie d'artillerie à cheval ;

« Six pièces pour l'artillerie à cheval approvisionnées ;

« Ce qui sera disponible du bataillon des équipages et des ouvriers d'administration.

« Sa Majesté ordonne que vous ne dirigiez plus rien sur Charenton.

« Vous avez dû recevoir le 1er février une lettre que je vous écrivais pour vous prévenir que les troisièmes bataillons des 7e et 8e régiments de tirailleurs devront être envoyés à Arcis-sur-Aube. Je vous ai prié de leur adresser l'ordre de changer de direction.

« Je vous renouvelle ma haute considération et mon attachement.

« DROUOT. »

« Nogent-sur-Seine, le 7 février 1814.

« *A Monsieur le général comte d'Ornano, commandant la garde impériale.*

« Mon général,

« J'ai l'honneur de vous transmettre une lettre dictée par Sa Majesté.

« Vous m'informez qu'aujourd'hui 7, vous faites partir 1,000 hommes et une compagnie des équipages. Sa Majesté désire que vous me fassiez connaître si ces 1,000 hommes sont des bataillons ou des hommes isolés.

« Les voitures des équipages sont probablement chargées de farines; donnez-leur ordre de déposer ces farines dans une municipalité et de se charger de pains. La municipalité où seront déposés ces farines les convertira de suite en pains, que l'on retournera chercher de suite. Adressez les ordres nécessaires. Si ces voitures portent du riz, il faudra l'apporter ici.

« Vous devez avoir au moins vingt cadres de bataillons ; envoyez-en l'état lorsqu'ils seront complétés ; ils formeront une belle réserve de 16,000 hommes.

« Le 5, vous aviez 1,600 voltigeurs, 4,000 tirailleurs, ce qui donne 5,600 hommes ; vous en faites partir aujourd'hui 1,600, donc il vous en reste encore 4,000. Je suis fondé à penser que les 5, 6, 7, 8, 9 et 10 vous recevrez 6,000 hommes de la conscription ; donc, au 10, vous aurez 10,000 hommes. L'intention de l'Empereur est que vous répartissiez dans les vingt bataillons tout ce que vous avez de disponible : cela donnera 500 hommes par bataillon ; vous en formerez deux divisions sous les ordres des généraux Charpentier et Boyer. Chacune de ces divisions étant complétée, sera de 8,000 hommes. Au demi-complet, elle sera de 4,000 ; ce qui, avec vos vingt-deux pièces d'artillerie, donnera une réserve extrêmement précieuse : il ne faut pas l'envoyer isolément ; il faut aussi ne point faire partir la compagnie d'artillerie à cheval.

« Faites connaître la situation de ces divisions aujourd'hui 7, et organisez-les dans la journée de demain.

« Les fusils et gibernes ne doivent pas vous manquer. Les shakos sont à Paris en grande quantité. Vous devez presser le reste de l'habillement. Dans le cas où quelque chose manquerait, on peut, dans les circonstances actuelles, habiller le soldat avec un shako, une capote, une giberne.

« Il est important que vous exerciez beaucoup vos hommes au tir à la cible.

« Quant à la cavalerie, vous avez 2,400 hommes, 1,500 chevaux ; vous pouvez donc organiser au moins 1,200 chevaux pour cette réserve.

« Vous aurez donc deux divisions, quatre brigades,

vingt bataillons, douze escadrons, vingt-deux bouches à feu : cette réserve, qu peut chaque jour s'augmenter de 1,000 à 2,000 hommes, peut former une véritable armée de 20,000 hommes.

« Donnez ordre au général Boyer, qui se trouve à Lille, de se rendre en poste à Paris pour prendre le commandement d'une des divisions.

« Faites-moi connaître, pour que j'en rende compte à l'Empereur, la situation d'Amiens et de Lille. S'il n'y a pas d'espoir de les compléter, faites venir en poste à Paris une partie des cadres.

« Quand la ligne n'offrirait qu'une réserve de 10,000 hommes, la garde nationale de Meaux 6,000 hommes, cela donnerait l'espoir d'avoir à Meaux, vers le 10 ou le 12, une réserve de 40,000 hommes.

« Les quatre batteries servies par les marins de Cherbourg, les trois par les élèves de l'École polytechnique, et les batteries servies par les invalides, donneront soixante à quatre-vingts pièces à cette armée. Rendez compte de tout cela en détail. Votre état porte 700 chasseurs et grenadiers de vieille garde ; il ne doit pas y en avoir plus de deux cents hors de service ; vous pourrez donc former un bataillon provisoire de vieille garde, qui présentera une tête de colonne à votre réserve.

« Dicté par l'Empereur.

« Le général Drouot. »

« Nogent-sur-Seine, le 9 février 1814.

« Mon général,

« L'Empereur m'a demandé si l'on avait organisé les divisions Charpentier et Boyer, fortes de douze bataillons chacune.

« Je vois, dans l'état du 7 de ce mois, que vous avez 2,500 hommes prêts à partir, 3,500 pour le service de Paris, ce qui fait 6,000, qui, divisés par 24, font près de 300 par bataillon ou près de 80 par compagnie. Les moyens que je vous ai dit d'employer pour l'habillement doivent vous mettre à même d'en rendre disponible un plus grand nombre.

« Il faudrait trois généraux de brigade à chaque division, afin qu'il y eût un général pour quatre bataillons. Les deux batteries à pied ne seront pas suffisantes, il en faut deux autres. L'intention de l'Empereur est qu'on en prenne deux servies par la ligne. Il vient d'arriver deux belles compagnies d'Espagne, qui seront destinées à cet usage, de sorte que vous aurez trente-deux bouches à feu servies par l'artillerie à pied, et six par l'artillerie à cheval, total : trente-huit, dont deux batteries à pied, à faire servir par les compagnies d'Espagne. Il faut que cette division et douze cents chevaux soient en état de se porter bientôt hors de Paris, pour s'y cantonner.

« Je vous prie, mon Général, de recevoir les nouvelles assurances de ma haute considération et de mon attachement.

« Le général de division, aide-major de la garde,

« Comte Drouot. »

« *P.-S.* On m'assure que la route d'ici à Paris est remplie de soldats de la jeune garde. Il me paraîtrait utile, mon Général, que vous donnassiez des ordres prompts pour qu'il soit envoyé à la barrière de la route de Nogent, des officiers et sous-officiers des compagnies de dépôt, qui seront chargés de rassembler ces jeunes gens et de les conduire à leurs dépôts respectifs, où quelques jours de repos les remettront. Cette mesure pourra encore conserver à Sa Majesté quelques beaux bataillons.

« Le 3e bataillon du 2e régiment de tirailleurs, venu ici avec le général Baudoin, verse ses hommes à la division Rothembourg. Le cadre va retourner à Paris. »

« Paris, le 12 février 1814.

« Monsieur le Comte,

« S. M. le roi Joseph, informé que l'ennemi a fait un mouvement sur la grande route, entre Fossart et Moret, désire que vous fassiez partir de suite quatre bataillons, un escadron et quatre pièces d'artillerie de la garde impériale, sous les ordres d'un officier-général, pour aller coucher ce soir à Villejuif, et partir demain à quatre heures du matin et se diriger sur Fontainebleau. L'officier-général chargé du commandement de ce corps, devra marcher avec la plus grande précaution, envoyer quelques éclaireurs en avant pour savoir ce qui se passe, prendre des informations des habitants du pays, tâcher d'avoir des nouvelles de S. E. le duc de Reggio et du général Pajol, et lier ses mouvements avec les leurs.

« Le duc de Reggio était hier au soir à Provins, et le général Pajol à Fossart.

« Agréez, Monsieur le comte, l'assurance de ma haute considération.

« Le général de division, chef de l'état-major de S. M. le roi Joseph,

« Comte Maurice MATHIEU. »

A M. le général comte d'Ornano, commandant la garde impériale.

—

« Paris, le 12 février 1814.

« Monsieur le Comte,

« Le roi Joseph vous prie de faire partir demain, au point du jour, M. le général de division Charpentier, avec quatre bataillons, un escadron et quatre pièces d'artillerie de la garde impériale, pour aller prendre position à Essonnes, gardant le pont de Corbeil; il y trouvera un officier du génie envoyé par M. le général Dejean, pour fortifier le pont de Corbeil et le contre-fort qui couvre les moulins à poudre d'Essonnes.

« M. le général Charpentier donnera des ordres à sa brigade, qui doit coucher aujourd'hui à Villejuif, pour qu'elle arrive le plus tôt possible à Fontainebleau et y occupe la position de la Pyramide, qui tient le nœud des routes de cette position; le général commandant la brigade partie aujourd'hui pour Villejuif, éclairera les routes qui se dirigent sur Moret, Nemours et les autres passages du Loing, et fera toutes les dispositions convenables pour les défendre ; il s'informera de tout ce qui se passe sur le canal du Loing, et en rendra compte au général Charpentier, qui vous en instruira le plus promptement possible. Il sera nécessaire que le général de brigade établi à Fontainebleau transmette les mêmes renseignements au général Pajol, par Melun et Montereau, et que le général Charpentier communique aussi avec le général Pajol, par Corbeil, Melun et Montereau.

« Veuillez informer le Roi des comptes que vous recevrez à cet égard.

« Veuillez agréer, Monsieur le Comte, l'assurance de ma haute considération.

« Le général de division, chef de l'état-major du roi Joseph.

« Comte Maurice MATHIEU. »

A M. le général de division, comte d'Ornano, commandant la garde impériale.

« Paris, le 13 février 1814.

« Monsieur le Comte,

« Sa Majesté le roi Joseph vous invite à donner des ordres pour que la division de M. le général Charpentier se réunisse le plus tôt possible à Fontainebleau, et observe l'ennemi sur les trois routes de Moret, de Nemours et d'Orléans.

« Le roi vous prie de faire partir, aujourd'hui, une

autre brigade de la garde impériale, composée de quatre bataillons, un escadron et quatre pièces d'artillerie, et de la placer en réserve à Essonnes, Choisi, Juvisy et Longjumeau. Cette brigade serait aussi sous les ordres du général Charpentier, qui pourrait en disposer au besoin, en vous en rendant compte.

« S. E. M. le maréchal duc de Reggio se trouve à Donnemarie, en mesure de marcher au secours de Bray et de Montereau.

« Agréez, Monsieur le comte, l'assurance de ma haute considération.

« Le général de division, chef de l'état-major du roi Joseph,

« Comte Maurice MATHIEU. »

A M. le général de division comte d'Ornano, commandant la garde impériale.

« Paris, le 14 février 1814.

« Monsieur le Comte,

« L'Empereur ordonne qu'il soit recommandé au général Charpentier d'occuper Corbeil, La Ferté-Alais et tous les petits ponts sur la rivière d'Essonnes. Il faut porter la cavalerie qui est sous ses ordres, à mille chevaux de la garde.

« L'autre division de la garde et les autres mille chevaux doivent être cantonnés à Charenton et villages en avant, et être prêts à prendre poste sur la rivière d'Yères, s'il était nécessaire. Il faut que cette division ait l'artillerie convenable.

« Le Roi vous prie de donner des ordres pour l'exécution des dispositions ci-dessus.

« Veuillez agréer, Monsieur le Comte, l'assurance de ma haute considération.

« Le général de division, chef de l'état-major du roi Joseph,

« Comte Maurice MATHIEU. »

A M. le général comte d'Ornano, commandant la garde impériale.

« Guignes, 16 février 1814.

A M. le général d'Ornano.

« Mon général,

« Je vous ai transmis hier soir l'ordre de faire partir pour l'armée les détachements de cavalerie de la garde qui se trouvent à Paris et de les diriger sur Brie-Comte-Robert, à l'exception des détachements du 2e de lanciers et des chasseurs de la jeune garde.

« Je vous ai transmis également l'ordre d'envoyer à Brie-Comte-Robert tous les soldats de la vieille garde à pied, qui viennent d'Espagne, et ceux qui sont disponibles à Paris. Sa Majesté m'ordonne de vous écrire de faire partir sur-le-champ le tout pour Guignes, où il serait nécessaire qu'ils fussent arrivés demain matin.

« J'attends avec impatience la situation de la cavalerie et de la vieille garde que vous aurez fait partir pour Guignes.

« Tout à vous,

« Général DROUOT. »

—

« Guignes, le 17 février, 6 heures du matin.

« L'Empereur ordonne que la division Boyer parte de Charenton pour se rendre à Corbeil, où elle remplacera la division Charpentier, qui a reçu l'ordre de partir pour Fontainebleau.

« Que le général Ornano complète de suite deux batteries de huit pièces chacune, pour la division Boyer.

« Que le général Ornano fasse partir de suite, pour la division Charpentier, la compagnie d'artillerie à cheval et une batterie de six pièces. Il restera encore à Paris six pièces d'artillerie à pied, et la division Charpentier aura seize pièces.

« Que le général Ornano pousse les remontes avec la plus grande activité; qu'il fasse remonter de suite les hommes démontés aux différentes batailles, ou les hommes qui, par suite des fatigues, ont été renvoyés aux petits dépôts.

« Cinq cadres de la 2e division de voltigeurs vont être renvoyés à Paris; le général Ornano les fera compléter de suite.

« L'intention de Sa Majesté est que la caserne de Courbevoie ne soit pas enlevée à la garde, pour être convertie en hôpital.

« Général DROUOT. »

« Guignes, le 17 février 1814, 6 heures 1/2 du matin.

« Monsieur le général Ornano, je viens de donner l'ordre au général Charpentier de partir sur-le-champ de Corbeil, avec ses troupes, pour se rendre à Melun et de là à Fontainebleau. L'Empereur ordonne que vous complétiez son artillerie à seize bouches à feu, et qu'à cet effet vous fassiez partir une batterie d'artillerie à cheval, qui devra se rendre dans la journée d'aujourd'hui à Melun.

« Je donne l'ordre au général Boyer de partir sur-le-champ de Charenton avec ses troupes, pour se rendre à Corbeil et remplacer le général Charpentier. Il occupera Essonnes et les positions que le général Charpentier occupait.

« L'Empereur ordonne que vous complétiez aussi les deux batteries du général Boyer, à Corbeil, à seize bouches à feu, et cela dans la journée.

« Instruisez-moi de l'exécution de ces dispositions.

« Le Prince vice-connétable, major-général,

« ALEXANDRE. »

—

« Nogent, 21 février 1814.

A M. le général de division comte d'Ornano, commandant la garde impériale, à Paris.

« Mon Général,

« J'ai l'honneur de vous transmettre copie d'une lettre de Sa Majesté l'Empereur, et de vous prier de donner les ordres nécessaires et de me transmettre les renseignements que demande Sa Majesté.

« Mandez au général Ornano que je désire savoir « quand j'aurai mille hommes de cavalerie de la garde « prêts à partir de Paris. Réitérez l'ordre que tous les « hommes éclopés, démontés, etc., de la cavalerie de « la garde, en quelque lieu qu'ils se trouvent, se ren- « dent à Paris.

« Sur ce, je prie Dieu. »

« J'ai l'honneur de vous renouveler ma haute considération et mon attachement.

« Comte DROUOT. »

—

« Paris, le 3 mars 1814.

« Monsieur le Comte,

« L'Empereur ordonne de former sur-le-champ la 4e division provisoire de la garde impériale, et de mettre deux mille chevaux en état de partir.

« Je vous prie de ne pas perdre un moment à faire exécuter, en tout ce qui dépendra de vous, les dispositions prescrites par S. M. I.

« Agréez, Monsieur le Comte, tout mon attachement.

« Votre affectionné,

« JOSEPH. »

Le Roi Joseph à M. le comte d'Ornano, général de division, commandant la garde impériale, à Paris.

—

« Quartier impérial de Fismes, le 4 mars 1814.

A M. le général comte d'Ornano, commandant la garde impériale, à Paris.

« Mon Général,

« J'ai mis sous les yeux de l'Empereur la répartition du seizième million et la situation des troupes qui se trouvent à Paris, le 3 mars. Sa Majesté désirerait que vous fissiez connaître les cadres qui se trouvent à Paris. Elle remarque qu'il y a neuf cents chasseurs non disponibles, et seulement cent quarante-cinq chevaux. Elle désirerait que sous vingt-quatre heures le nombre des chasseurs disponibles montât à six cents. L'argent ne manque point; il faut prendre les moyens les plus prompts pour se procurer des chevaux et alimenter la cavalerie. Sa Majesté voit également qu'il y a beaucoup de vieux grenadiers et de vieux dragons non disponibles, faute de chevaux. Elle désire que vous fassiez connaître aussitôt qu'il y en aura cinq cents disponibles, afin qu'on puisse vous donner des ordres pour leur destination.

« Vous promettez douze cents chevaux pour le 12. L'Empereur trouve que ce n'est pas assez. Son intention est que vous montiez de préférence les anciens. Avec les marches forcées que nous faisons, les combats que livre tous les jours la cavalerie de la garde, il est nécessaire que vous organisièz promptement pour pouvoir nous entretenir.

« Je vous renouvelle, mon Général, l'assurance de ma haute considération.

« Comte Drouot. »

« Chavigny, 9 mars 1814.

« Mon Général,

« L'Empereur vient de me dicter ce qui suit :

« Puisque le général Ornano aura douze à quinze cents chevaux au 12 mars, il est convenable qu'il ne fasse pas partir les six cents hommes disponibles ; qu'il fasse connaître la situation de sa cavalerie au 12 ; elle pourra, en attendant, servir de réserve à Paris.

« Il en est de même de la division d'infanterie ; il faut l'organiser sans délai, de manière à avoir trois à quatre mille hommes. Le général Ornano demandera au ministre les batteries nécessaires, savoir : une batterie à cheval pour la cavalerie, et deux à pied pour la division d'infanterie.

« L'Empereur apprend avec plaisir la guérison des généraux Lefebvre et de Lyon. Donnez au général Lefebvre-Desnouettes le commandement des douze à quinze cents chevaux. Il aura sous ses ordres le général Lyon. Vos troupes seront d'abord employées à couvrir Paris. Elles pourront ensuite venir joindre l'Empereur.

« Comme vous avez des cadres, et que vous allez en recevoir par la dissolution des divisions provisoires, Sa Majesté approuve que vous receviez un plus grand nombre de conscrits que celui qui avait été fixé pour la garde.

« Je vous renouvelle ma haute considération et mon attachement.

« Drouot. »

« Sa Majesté voit avec peine des conscrits sans capotes. »

MINISTÈRE DE LA GUERRE.

3e DIVISION.

Bureau du Mouvement.

—

« Paris, le 16 mars 1814.

« Général,

« J'ai l'honneur de vous prévenir que l'Empereur m'écrit de Reims, le 14 de ce mois, que son intention est que le général Lefebvre-Desnouettes parte avec quinze cents chevaux de la garde et deux mille cinq cents hommes d'infanterie, aussi de la garde, une batterie à pied et une batterie à cheval; que cette colonne de quatre à cinq mille hommes et de quatorze bouches à feu se mette en marche aujourd'hui 16, pour être le 17 à Meaux, où elle prendra sous son escorte le reste des équipages de Sa Majesté et de ceux du quartier-général qui sont dans cette place, ainsi que les batteries de réserve et le parc que l'Empereur avait laissés à Troyes, et que Sa Majesté croit être actuellement à Meaux ou à Guignes, où je leur envoie l'ordre, s'ils s'y trouvent, de se rendre demain à Meaux, pour y rejoindre la colonne du général Lefebvre.

« Ce général recevra le 17, en route, des ordres pour sa destination; s'il n'en recevait pas, il continuerait sa marche sur Château-Thierry.

« L'intention de Sa Majesté serait aussi que l'on plaçât dans la colonne du général Lefebvre, les douze cents hommes de cavalerie polonaise qui appartiennent au général Pac, et qui doivent faire partie d'une division de la garde. S'il n'y en avait pas de prêts à Versailles, cela ne devrait pas arrêter le départ du général Lefebvre.

« L'Empereur recommande que chaque cavalier ait ses quatre fers, et qu'en outre ils portent une provision de fers pour la garde; enfin, que les hommes d'infanterie aient leurs capotes et soient bien habillés.

« M. le duc de Bellune avait laissé un régiment de la jeune garde à Méry, et, de plus, beaucoup d'hommes non habillés à Méry, Nogent, etc. Je donne ordre à M. le duc de Tarente de réunir tout cela et de les envoyer à Meaux. Le général Lefebvre prendra avec lui tout ce qui est habillé et laissera à Meaux tout ce qui n'a pas de capotes, afin que vous leur en envoyiez de suite.

« L'intention de Sa Majesté est aussi que vous fassiez réunir tous les détachements de la garde qui seraient à Meaux, à Lagny et environs, pour les joindre à la colonne du général Lefebvre, ce qui portera cette colonne à sept ou huit mille hommes.

« Un convoi d'artillerie de cinquante caissons à munitions, chargés, part aujourd'hui de Vincennes pour aller coucher à Claye. Le général Lefebvre, qui doit y coucher aussi avec sa colonne, prendra, demain, ce convoi sous son escorte, jusqu'à l'armée ; je vous prie de l'en prévenir.

« Je vous prie, en même temps, de me faire connaître aujourd'hui toutes les dispositions que vous aurez prescrites pour remplir, sur ces divers objets, les intentions de l'Empereur.

« Recevez, Général, l'assurance de ma parfaite considération.

« Le Ministre de la Guerre,

« Duc de Feltre. »

Au général comte d'Ornano, commandant la garde impériale, à Paris.

—

« Reims, 17 mars 1814.

A M. le général comte d'Ornano.

« Mon Général,

« J'ai l'honneur de vous transmettre un ordre dicté par Sa Majesté :

« J'ai reçu votre lettre du 16, par laquelle vous an-
« noncez que deux mille chevaux et deux mille six
« cents hommes d'infanterie sont partis, le 16, de Paris
« pour Meaux; faites-moi connaître quand les seize
« cents hommes du général Pac, qui restent à Paris,
« pourront se mettre en route. — Organisez sur-le-
« champ deux mille cinq cents hommes d'infanterie et
« quinze cents de cavalerie, avec une batterie d'artil-
« lerie légère et une batterie à pied, pour servir de ré-
« serve à Paris et marcher suivant les circonstances.

« Envoyez ordre au général Lefebvre-Desnouettes de
« se porter demain, 18, à La Ferté-sous-Jouarre, et s'il
« arrive aujourd'hui à La Ferté-sous-Jouarre, de se
« porter à Château-Thierry; dans tous les cas, d'en-
« voyer à Château-Thierry les deux tiers de sa cavale-

« rie, et la batterie d'artillerie légère, si son infanterie « ne peut aller que jusqu'à La Ferté-sous-Jouarre.

« L'Empereur se rend ce soir à Épernay; il aura la « certitude d'avoir assuré les ponts de La Ferté-sous-« Jouarre et Châlons.

« Recommandez au général Lefebvre-Desnouettes de « ne faire aucune marche forcée avec sa jeune infan-« terie, et d'envoyer à l'Empereur un officier pour lui « faire connaître où il sera demain 18. »

« Je vous renouvelle mon bien sincère attachement.

« Comte DROUOT. »

ORDRE DE L'EMPEREUR.

« Le général Ornano prendra le commandement des deux premières divisions de cavalerie de la garde; ces deux divisions se mettront en route à dix heures du matin, pour se diriger sur Malesherbes avec leur artillerie.

« Général DROUOT. »

Fontainebleau, 5 avril 1814

FIN.

TABLE DES MATIÈRES

www.ingramcontent.com/pod-product-compliance
Lightning Source LLC
LaVergne TN
LVHW010608110826
845149LV00003B/815

* 9 7 8 2 0 1 9 2 0 4 9 1 4 *